台灣放輕鬆

台灣放輕鬆

台灣放輕鬆

TAIWAN
台灣放輕鬆

take

it

easy

台灣放輕鬆 8
非凡台灣人

總策劃：莊永明

撰文：陳怡方、陳嶼、辜惠美、丘淳、賴佳慧

漫畫：曲曲

歷史插圖：張眞

監修：曹永和、許雪姬、張勝彥、吳密察、溫振華

副總編輯：周惠玲

執行編輯：陳彥仲

編輯：葉益青

攝影、圖片翻拍：陳輝明、徐志初、宋依婷

美術總監：張士勇

美術構成：集紅堂廣告有限公司

發行人──王榮文

出版發行──遠流出版事業股份有限公司

台北市100汀州路3段184號7樓之5

郵撥 / 0189456-1

電話 / (02)2365-1212　傳眞 / (02)2365-7979

香港發行　遠流（香港）出版公司

香港北角英皇道310號雲華大廈四樓505室

電話2506-9048　傳眞2503-3258

香港售價　港幣107元

著作權顧問──蕭雄淋律師

法律顧問──王秀哲律師、董安丹律師

2002年3月11日　初版一刷

行政院新聞局局版臺業字第1295號

售價320元（缺頁或破損的書，請寄回更換）

ISBN 957-32-4584-1

YLib遠流博識網

http：//www.ylib.com E-mail：ylib@ ylib.com

F4

8 非凡台灣人

總策劃／莊永明

監修／曹永和、許雪姬、張勝彥、
　　　吳密察、溫振華
文／陳怡方、陳嶼、丘淳、
　　辜惠美、賴佳慧
漫畫／曲曲
繪圖／張真

Portraits of Social and Personal
Fulfillment in Taiwanese History

目 錄

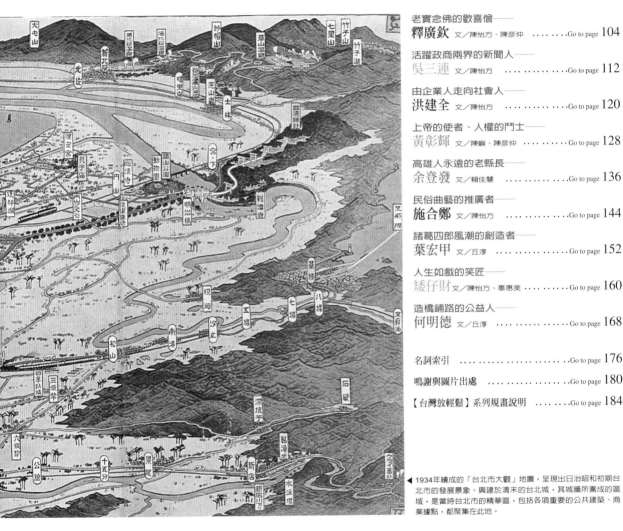

◀ 1934年繪成的「台北市大觀」地圖，呈現出日治昭和初期台北市的發展景象。興建於清末的台北城，其城牆所圍成的區域，是當時台北市的精華區，包括各項重要的公共建築、商業據點，都聚集在此地。

總序

莊永明

閱讀歷史，會是一種沉重的
負擔嗎？

　　了解歷史人物，會是一種困難
的事情嗎？

　　放輕鬆！

請靠近一點，翻一翻這套書；　你會
發現歷史並不生澀，歷史也絕不難
懂，歷史更不是「遙不可及」的事。

　　你會覺得歷史人物絕不是「神
主牌」，更不是不食人

編輯體例說明

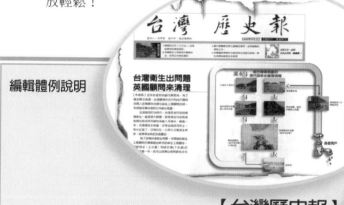

【台灣歷史報】
帶你回到過去，見證歷史news化

【Q&A】
挑戰你的「哈台」指數

【老廣告】
給你新古董的台灣味兒

間煙火，何況你所要貼近的是台灣人物，你所要明瞭的是台灣歷史。

　　沒有錯，就從這時候開始，讓我們走進時光隧道，讓我們回顧歷史長廊。

　　學習歷史，最快的入門方法是閱讀傳記；正如史學家羅斯（A. L. Rowse）所說的一句話：

　　「閱讀傳記是可以學到許多歷史的最便捷方法。」

【延伸閱讀】
⇨《工學博士長谷川謹介傳》，1937出版（本書為日文資料，長谷川死後由其舊部屬製作出版，目前本書收藏於成功大學圖書館）。

【延伸閱讀】
提供深入資訊

【人物小傳】
告訴你有趣的軼聞故事

【舊聞提要】
打通你的任督二脈，變成全方位台灣通

朱一貴年表
1688~1721

1688
●朱一貴出生於福建漳州府長泰縣。

1713
●朱一貴來到台灣，時年26歲，於府城（台南）台廈道衙門打雜。不久離職，轉往大武汀幫人種田度日，並以養鴨發跡。

1721
●4月19日，因台灣知府王珍苛酷擾民，朱一貴

【年表】
從時間軸認識個人

讓我們從「三分鐘認識一位歷史人物」開始吧！

歷史教育是積累土地上世世代代先人的生活經驗；台灣歷史在威權時代，總是若隱若現的，甚至是「啞劇」，本土歷史人物自然也「難見世面」。

台灣邁進民主時代後，國民中小學才開始有了「鄉土教學」、「認識台灣」、「母語教育」等課程，然而在倉促間推出「本土」文化的教學，到底能喚醒多少人的歷史記憶和土地的認同？

台灣歷史人物，不論是原住民、閩南人、客家人，或外省人、外籍人士，只要在這塊土地流汗、流淚、流血奮鬥、奉獻，都是這套書選材的對象，為著在「歷史長廊」有著連貫性的互應，本套書也依學術、文學、美術、政治……做為分類上的貫連，每一位人物且透過「台灣歷史報」去探索時空背景，因此這不僅是傳記書，也是歷史書。

胡適在其《四十自述》中盼望「添出無數的可讀而又可信的傳記來」，【台灣放輕鬆】系列當然也有這樣的企圖，僅是做為一種「入門書」，其最主要的意義還是導引大家對台灣人物、台灣歷史的興趣，相信有了此「紮根」的歷史教育，社會倫理、自然關愛也必落實。

祈盼台灣在積極打造成為「科技島」之餘，也不忘提升為紮實於本土歷史認知的「人文島」，台灣才不致沈淪。

大我行誼與社會主流價值

溫振華

本書所介紹的20名人物，如果要用一個框框來界定的話，他們就是在不同時代的台灣社會中，在不同的階層、不同的行業中，選擇不同的人生價值，戮力以赴，對當時的社會有著一定程度的影響力或指標意義，甚至是社會德行典範的人物。在過去教育與社會的漠視下，有些人物可能不曾聽過，有的可能耳熟但不詳。如今這本書在撰者與編輯的巧思設計下，讓我們可以較完整且有系統地來認識這些人。

為方便讀者閱讀起見，對這20位人物作幾組分類，根據個人的理解，勾勒出他們對當時社會之意義與影響。

首先簡介鄭用錫、蔡廷蘭以及王得祿。在大清帝國時代，這3人的獲取功名，對邊陲台灣具有激勵社會民心的作用。新竹的鄭用錫是清代台灣第一進士，功名獲得的背後，有著不畏挫折的

位於台北縣淡水鎮的基督教長老教會，是加拿大籍宣教士馬偕親自建立的第一間教會。由馬偕等人所傳入的基督教，對台灣社會造成了深遠的影響。

毅力。最值得一提的是，他在台灣社會械鬥頻仍的時代，撰寫〈勸和論〉，並遷居不同籍別的村落，試圖化解緊張的鄉民分類意識。蔡廷蘭是澎湖唯一進士，跟鄭用錫一樣，都能在逆境中努力不懈，甚至遭船難漂泊越南時，也能把握機會，記下當地的風土人情，成為當時瞭解越南社會的參考書。王得祿不同前面二人的文功名，但靠著自己的戰功，一步一步升遷，最後獲任福建最高的軍階。

施乾、謝緯，深具人道關懷，是台灣的人格典範。施乾如同偉大的宗教家，他走入社會鄙視的乞丐群中，關懷他們，甚至最後拋棄正職專心照顧他們，並湊錢建立「愛愛寮」，收容乞丐。他的行誼感動了日本女子清水照子，在他死後，承繼他未完成的志業。他們的大愛，救助了社會的邊緣人。謝緯是個

佛教是台灣主要的宗教信仰之一,不少佛門子弟秉持入世的情懷服務社會。

醫生,他愛人甚於愛己,最後在疲累中出診,致死於車禍。二人的行誼,是台灣社會的典範。

簡吉、吳三連、余登發三人,各有不同的人生經歷,但都奮力讓一些不平之聲,得以為社會聽聞。簡吉,在農民被剝削的日本時代,放棄教職,與農民站在同一陣線上,組織農民,為農民爭取權益。吳三連閱歷豐富,不但是個報人,還曾出任地方官、民意代表,也投資企業,而對台灣社會影響最大的則是自立晚報的經營,讓台灣社會文化在威權體制的時代能發出聲音。余登發因熱心地方公益而贏得民心,建立起地方政治的一片天,成為高雄黑派的建立人。他後來更與「黨外」運動結合,形成台灣民主運動發展中重要的支持者。

王井泉、洪建全、施合鄭在藝文的推動上,出錢出力。王井泉雖非藝文界人士,但喜愛藝文,經營餐館,提供文人雅士聚會交流的場所,也贊助文學雜誌之刊行。洪建全、施合鄭都是企業家,但分別對音樂、戲曲有所偏愛,因此成立基金會或贊助音樂活動或推動民間曲藝之傳承。演員矮仔財與漫畫家葉宏甲,是當今4、50歲人所熟悉的人物。矮仔財一生投入演藝界,他的滑稽造型,帶給人們會心的歡笑。葉宏甲創造的漫畫人物,曾經成為當時年輕學子心中的英雄。

在宗教方面,黃玉階是台灣齋教先天道派的領袖,除宗教外,他力倡纏足解放。廣欽和尚(釋廣欽),是土城承天禪寺的住持,弘揚佛教淨土宗。黃彰輝是基督長老教會牧師,在他的努力推動下,以大甲溪為分界的台灣基督長老教會南北教會終於團結合一。

在醫療服務尚未普及的年代,外籍傳教士的醫術與人道關懷造福不少病患。圖為英國籍的蘭大衛醫師(後排右4)與病患合影。

20位非凡台灣人的主要活動區域

洪騰雲、黃玉階、施乾、王井泉、謝國城、
吳三連、洪建全、葉宏甲、矮仔財

釋廣欽

葉宏甲

黃玉階

謝緯

阿善師

蔡廷蘭

王得祿
何明德

謝緯
吳三連

黃彰輝

簡吉
余登發

基隆

桃園　台北

新竹

宜蘭

苗栗

台中

彰化

南投　花蓮

雲林

嘉義

澎湖

台南

高雄　台東

屏東

　　阿善師與謝國城，初看不相關，但仔細分析，他們分別在舊時代與新時代中推動體育健身。阿善師由福建原鄉來台，在西螺創辦振興社武館，教授拳術，是台灣少林派嫡傳武師。謝國城閱歷頗豐，但最為人所稱道的是，他執著不懈地推展他喜愛的棒球運動，成為戰後把台灣棒球運動推向世界舞台的第一人。

　　洪騰雲、何明德，分別是舊社會與新社會中熱心公益的人物。洪騰雲獻地捐款，建立義倉、義塚、考棚。何明德與嘉邑行善團造橋鋪路，造福不少鄉里。

　　一個社會文化的提昇，不是一蹴可成的，有賴社會多數人的自覺與努力。本書的人物，多少顯現各行各業中一些值得學習的典範。期望這些人物的大我行誼，對您的人生價值有所啟示，進而成為社會的主流。

從「小我」到「大我」、「無我」的典範人物

莊永明

俗話說，「一款米飼百樣人」。社會人物形形色色，更何況是不同時空下的人物在人生舞台所扮演的角色。舊社會階級分明，紳耆和布衣、當官和在野、權門和寒素，形成對比，這是「移民社會」初期必然的現象。然而，造成不同身分，絕非「天賦」所致，而是在篳路藍縷中各逞其能的結果。「新社會」便意味著人人「出頭天」的機會更多，而且「三百六十行，行行出狀元」，在「有為者亦若是」的激勵下，人人摩拳擦掌，努力以赴。

對歷代的台灣人來說，他們追求的目標有「小我」、「大我」以及「無我」的區別。「小我」是追求私我生活的改善、利益的增進，而「大我」則是以改善眾人生活、增進群體利益，進而移風易俗為目標。甚至有些人則進入「無我」之境，此超凡入聖的造化，更是仰之彌高。

本冊《非凡台灣人》所選擇的20位「大我」、「無我」的典範人物，他們的成就雖各有千秋，但每個人的奮鬥人生，都是永恆的座標。

「出將」、「入相」是封建社會的平民夢想，古早台灣人想登龍門，立功顯榮，絕無僥倖，水師提督（等同今日海軍將領）王得祿在多場海戰中奮勇殲敵，而獲一再擢升，古稀之年仍請纓捍衛家鄉，能得朝廷頒授太子少保官銜，實至名歸。

「書中自有黃金屋，書中自有顏如玉」。窮書生刺股懸梁，為著就是「功名」。台灣的「讀冊人」赴京參加科舉，曾被譏諷為「台灣蟳無膏」（台灣無真才實學的人），然台灣士子仍不乏及第中榜者，「台灣第一位進士」鄭用錫和「開澎第一位進士」蔡廷蘭是其中翹楚。

艋舺米商洪騰雲因捐建考棚嘉惠北部考生，而獲得「急功好義」之匾，但其實洪大善人的獻義倉、建義塚更值得景仰。

施乾遺孀施照子（左3）參加施乾塑像的落成儀式。

施醫治人，其在移風易俗上的努力，也是社會大眾感恩的原因。

感恩的心，沒有身分地位之分；施乾對流落街頭的乞丐伸出援手，他所奉獻的對象是卑微的社會邊緣人，其仁心善行，令功利主義者汗顏。

社會低層的乞丐，令人同情，勞力的工農階級受壓迫、受欺榨，也亟需要關懷；簡吉是日治時代台灣農運的健將，他在與殖民政府抗爭的過程中，入獄多次，這位倖存異議分子最後卻喪命於國府統治的白色恐怖。

王井泉身為一位「油膩膩」的餐廳老板，卻可以扮演「文化推手」的角

流芳後世並不盡然必須與官府「共存共勞」，能有「特技」在身且能深獲人心的人，也必會為世世代代的人所追念。西螺七嵌「拳頭師」劉明善即是一例，「阿善師」在史冊雖然「無名」，但民間仍傳頌不已。

日治「台灣漢醫第一人」的黃玉階，之所以被民間詠誦，並不僅因為他

每逢神明誕辰所舉辦的廟會,是台灣民間社會歷久不衰的娛樂活動。

期「宿仇」,主因在於他們追求「台灣自主」,黃彰輝牧師即是代表人物,這位「人權牧師」蒙主寵召時,唯一的憾事應是「壯志未酬」。

日治時代即參與民族自治運動的吳三連,戰後經營自立報系,以「無黨無派、獨立經營」立場為民喉舌,他還擔任過台北市市長、省議員、國策顧問和「台南幫」企業決策者。高雄縣「黑派」的掌門人余登發,是著名的「黨外硬漢」,他不僅是高雄縣人尊敬的「老縣長」,其家族三代亦主掌縣政多年,「余家班」的奇蹟可說是台灣政壇的「異數」!

金融家謝國城在戰後與棒球運動結緣後,不遺餘力推展台灣棒球運動,進而進軍世界棒壇,達到「棒打天下無敵手」的少棒、青少棒、青棒「三冠王」殊榮,他一生最大的憾事是未讓成棒稱霸世界。

台北縣土城承天禪寺的廣欽老和尚,是一位傳奇人物,人稱「水果師父」。他的禪言一如其修行,不多一言,不多一動,然而其言行渡化不少人。

製造國際牌家電產品的洪建全和經營撒隆巴斯藥廠的施合鄭,他們在商場

色,確是難得。這位「甘草人物」能成為台灣新文學、新美術、新戲劇必提的「要角」,不無原因。

基督教的「本土信徒」中,有不少人的志行緊隨那些宣揚博愛精神的西洋傳教士,埔里基督醫院的謝緯醫師便是一例。他其實也是位「在世基督」,他捨己為人的精神,和「主」同心。

台灣基督長老教會與國民政府有長

甲 宏 葉　　　（案 破）　綹 就 盜 强

戰後初期台灣政治腐敗、民生疾苦，漫畫家透過畫筆對時局表達不滿。

上都是炙手可熱的人物，不過更令人矚目的是兩人對文教事業的盡心盡力；洪建全教育文化基金會設置視聽圖書館、獎勵兒童文學和發行《書評書目》等，一如施合鄭民俗基金會推動民俗曲藝，都是回饋社會的具體表現。

服務社會的方式很多，造橋鋪路絕對是一件「苦差事」，何明德率領嘉邑行善團幹起粗活，做了政府應該要做的「地方建設」，他榮獲菲律賓麥格賽賽獎，實至名歸。

諸葛四郎這位漫畫英雄人物，帶給無數人「童年往事」的回憶；而「柳哥」這位銀幕上的甘草人物，則在「苦悶年代」裡帶給無數人慰藉。他們的創造者漫畫家葉宏甲和演員矮仔財，雖然沒有非凡事功，卻在戰後台灣社會上留下了難以磨滅的跡痕。

因為社會轉型、功利主義掛帥，使得傳統道德觀念與行為準則規範，都嚴重變質，公平正義難以復尋，令人有「哲人已遠、典範在夙昔」的感嘆。閱讀《非凡台灣人》，從中獲得啟示，若能人人見賢思齊，必能再造台灣人樸實耿直、勤勞節儉的精神！

每年每月的每一夜，
看見貞子破碎的臉……

1 墓中傳來王得祿的
嘆息聲

2 墓園中的石雕像
會走動

3 野貓汪汪叫
老狗喵喵叫

4 穿著清代官服的人
來問時間

2^A 墓園中的石雕像
會走動

王得祿墓位於嘉南平原上，占地約兩公頃。王得祿生前官拜太子太保，
死後晉封太子太師銜，為一品官，因此按傳統陵寢規制，
王得祿墓前得以安置了石翁仲、石馬、石羊、石虎各一對。
民間傳說，王得祿自從葬在該地之後，附近的村庄就「雞不啼、狗不吠」，
而墓園中的石雕翁仲、馬、羊、虎等，常常在午夜之後四處覓食，
損毀村民辛苦種植的農作物，翁仲還會調戲婦女，搞得人心惶惶。
最後，村民請來地理師破壞墓園風水，甚至搗毀石雕，
並在墓園前闢了一條道路，如此才恢復往日的平靜。

打擊海盜的
一品戰將——
王得祿
1770~1842

嘉慶年間,中國東南沿海一帶海盜猖獗,總兵王得祿統領閩浙兵船在海上緝捕海盜,立下不少戰功。

身穿官服的王得祿畫像。

明清時代的台灣海峽,是海盜們的樂園,他們成群結黨不斷侵襲中國大陸東南沿海以及台灣沿海一帶,對於居民的性命財產與地方的經濟發展,都造成了極大的影響。王得祿,這位獨一無二的台籍水師提督,在海上貢獻了他的才華與青春,使台海兩岸得以重獲平靜。

王得祿, 1770(乾隆35)年出生於台灣府諸羅縣溝尾村(今嘉義縣太保市),從小父母雙亡,由兄嫂撫養長大,15歲開始習武。17歲正逢林爽文反清事件,家鄉諸羅也遭到亂事波及,於是王得祿便以武生身分捐資招募了500名鄉勇來協助官兵。

獲得多次戰功之後,王得祿便改隸到水師麾下。時值乾隆晚期,天災連年,東南沿海出現了為數眾多的海盜,使得台海地區人心惶惶,王得祿奉命殲滅海盜,維護地方安寧。東至琉球、南抵安南、北達江蘇,在數千里洋面上他多次追擊艇匪與海盜,擊沈、擒獲海盜與船隻無數。其中,他與當時的大海盜蔡牽、朱濆集團,更有數次的正面對決。

1802(嘉慶7)年,王得祿生擒蔡牽部屬32名;3年後,當蔡牽率船隊80艘闖入滬尾(今淡水)、攻占艋舺(今萬華),接著進攻澎湖時,王得祿也統領水師成功地擊潰蔡牽,迫使蔡牽退回海上。緊接著,他將矛頭轉向,專心圍捕流竄於鹿港、滬

尾、雞籠（今基隆）、蘇澳等地的朱濆餘匪，直到1807（嘉慶12）年朱濆終於一敗塗地。殲滅朱濆後，他與蔡牽再度決戰海上。面對頑劣的洋盜，王得祿少不了一番苦戰，雖然身上多處掛彩，仍舊坐鎮指揮，甚至奮不顧身號令座船直衝蔡牽的主力船隻，使得蔡牽等一千餘黨葬身海底。

在海戰中不斷英勇殲敵的王得祿，獲得朝廷嘉獎無數，官職從守備、游擊、副將一路升遷到提督，但也因長年的征戰以致染患頭風、眼疾與胃病。1822（道光2）年，52歲的他解下官職，定居福建同安養老。誰知數年後，嘉義故鄉亂事又起，他只得義不容辭地召集勇士、督率官兵，回到台灣平息一場又一場的民亂。1841（道光21）年，中英鴉片戰爭開打，英籍船艦闖入雞籠，他以71歲高齡親自統兵駐守澎湖，隔年2月，病逝於行營中。

一生捍衛家鄉的王得祿，在他身後，出生地因他曾受封太子太保，而於日本時代改稱為「太保庄」，戰後改稱「太保鄉」，今又改制「太保市」。王得祿的墓地，位於嘉南平原上，成為國家第一級古蹟；今天嘉義市嘉義公園內，更有一棟紀念他的太保樓。

台灣

發行人：王阿舍　發行所：遠流舊聞社

舊聞提要

1.美籍宣教師史迪芬1833年1月撰文稱讚台灣所具備的經濟價值與通商地理優勢，引發美國對台灣的重視。

水師猛將戰無不克

【本報訊】名將王得祿雖然已經沒有實際官職在身，仍然多次協助官府敉平亂事，今年受朝廷敕封為太子太保，可說是實至名歸。

王得祿用兵常勝的機密戰術是什麼？經本報記者追蹤瞭解，一是平時加強水師戰鬥力；二是對敵策略精準有效。在此將王氏兵法完全公開。

在增強戰鬥力方面，包括武器的強化、兵員素質的提昇、指揮體系與兵員的調整等。就武器硬體來說，他根據海盜出沒地點與各港口的水深，增建功能不同的大小船隻：以鹿耳門與鹿港為例，王得祿就建造7丈2尺的守港船與6丈6尺的快船各16艘。在人員的訓練上，他不但親自校閱兵員的操練，還規定各級軍官要有巡視各地的時間表，即使是細微小事，他也嚴格要求，使得官兵不敢草率怠惰。

應戰時的戰術判斷方面，更是王得祿克敵致勝的一大關鍵。他習慣用火攻，因為火

歷 史 報

1838年10月14日 穿越時空 獨漏舊聞

・鳳山縣民張貢在1838年聚眾起事。
・鳳山知縣曹謹於1838年建議修築水圳。
・前浙江提督王得祿於1838年受封為太子太保。

讀報天氣：晴
被遺忘指數：●●●●●

▲ 海戰船外觀。

太子太保王得祿兵法大公開

攻可以大幅削弱敵軍戰力。例如在雞籠對朱濆一役時，他就是趁著夜間將船駛近並排停泊的敵船，然後丟擲火罐引發連鎖大火，使朱濆的船隻大量折損，倉皇逃走。而在與蔡牽對決時，他則採取著名的「直取盜首，分船隔攻法」，以大量戰船衝散對方的船隊，然後針對蔡牽的主船扔擲火彈，破壞船體，最後再以自己的座船猛力衝撞，終於逼使蔡牽自沈海底，而大獲全勝。

王得祿在與敵對陣時，總是身先士卒，奮勇攻敵，即使受傷仍指揮如常，而且臨危時仍能冷靜判斷局勢，這些都是他優於常人的地方。另外，事前嚴密的軍情掌握也是他致勝的關鍵。他建立了一套完善的軍情通報系統，來掌握敵軍動向，使得

▲ 台灣北部有兩處水師營，一處在滬尾（守備署），一處在艋舺（參將署）。（見箭頭標示處）

他可以在第一時間就立刻出兵，又可以準確切斷海盜在陸地上的補給站，逼使海盜在得

不到陸援的情況下，只好棄械投降。1810
年，蔡牽的部屬就因為如此不得不投降。

　　近年來，王得祿雖已告老定居同安，但
仍自己招募鄉勇保衛地方，遇台灣有重大亂
事，官府仍須請出這位戰功彪炳的老將才得

以弭平。這幾次，他同時指揮鄉勇與官兵，
困難度更高，但王得祿仍屢戰屢勝，可見其
寶刀未老。

▲台灣在1690（康熙29）年開始設置船廠，之
　前戰船的修建均統一在福建辦理。

▲駐守安平的台協水師為了對抗海盜所鑄造的
　火砲，圖為砲身特寫。

▲以西班牙人遺留的聖薩爾瓦多城（San Salvador）所改建的砲台。

▲台灣水師所屬戰船的調配狀況。

1770
●農曆5月21日出生於今嘉義縣太保市。

1786
●林爽文聚眾反清，諸羅（今嘉義）遭攻陷，招
　募鄉勇5百人協助官軍。

1787
●收復諸羅，升把總，之後又獲升千總。

1796
●開始隨李長庚征討海盜蔡牽、朱濆。

1797~1810
●多次圍捕以蔡牽、朱濆為首的海盜，最後將之
　全數殲滅。

1813
●製戰船以守護鹿耳門、鹿港等地。

1821
●任浙江水師提督。

1822
●卸下所有官籍，回福建同安調養。

1832
●協助平定張丙反清事件。

1833
●因功受封太子少保銜。
●修嘉義城、倡建義倉60間。

1836
●協助平定嘉義沈知亂事。

1838
●加封太子太保銜。

1841
●爆發中英鴉片戰爭，奉命駐守澎湖。

1842
●因病逝於澎湖行營，享年72歲。
●死後加贈伯爵，加封太子太師銜，諡號果毅，
　賜祭葬。

【延伸閱讀】
⇨ 沈永典，〈王得祿墓——國家第一級古蹟〉，《嘉義文獻》
　　29期，2000，嘉義縣政府。
⇨ 徐明德，〈台灣水師名將王得祿〉，《歷史月刊》102期，
　　1996，歷史月刊雜誌社。
⇨ 蔡相煇、王文裕，《王得祿傳》，1997，台灣省文獻委員
　　會。

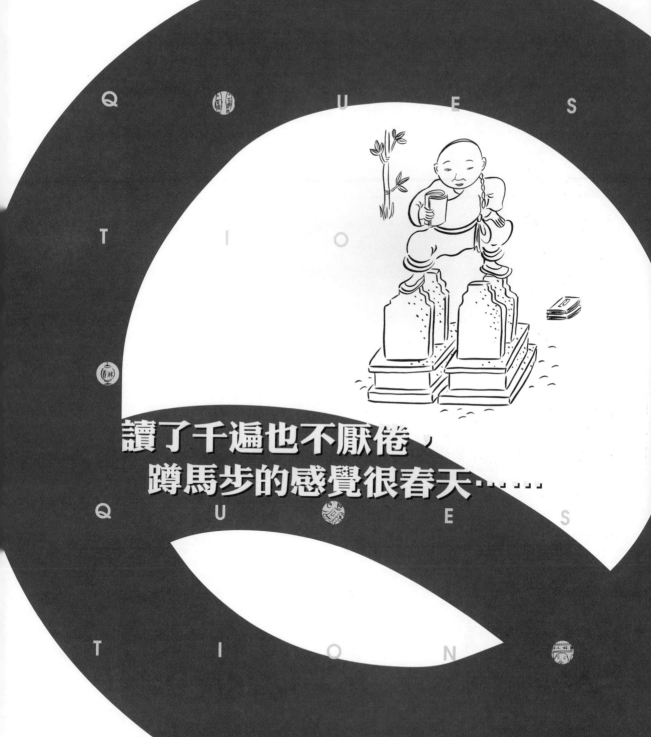

讀了千遍也不厭倦，
蹲馬步的感覺很春天⋯⋯

1 曬魚乾、香腸

2 春秋兩季，以文會友的地方

3 燒字紙、祭拜孔子的地方

4 表揚這家人很了不起

4A 表揚這家人很了不起

位於今天新竹市北門街上的鄭氏家廟，興建於1853（清咸豐3）年，

是鄭用錫和他堂弟鄭用鑑共同倡建的，除了象徵家族的團結，也希望能持續凝聚宗族意識。

鄭氏家廟是傳統閩南式的官宅建築，廳內供奉鄭家歷代祖先。

此外，屋梁上還懸掛有「進士」、「舉人」、「貢生」、「明經」等多面匾額。

鄭氏一族在鄭用錫先後考中舉人、進士之後，陸續還有其他家族成員金榜題名，

因此獲得清廷頒發匾額。此外，根據清廷規定，舉人以上得以賜頒旗杆座；

在家廟的廟埕上，也有一對由青斗石打製而成的旗杆座，上頭刻有龍形和虎形等象徵吉祥的花紋，

不但表明屋主的身分，也象徵一族的榮耀。

台灣第一位進士——
鄭用錫
1788~1858

提到鄭用錫，很多人知道他是「開台第一進士」，但很少人了解他是以保障名額考上進士的。在此之前，台灣籍的考生因為文教環境較差，要與福建等地考生競爭比較吃虧，後來清政府特地為台灣設置保障名額，才使得台灣士子上榜的機會大增。鄭用錫便是第一位受惠於這個制度的台灣人。

鄭用錫生於1788（乾隆53）年，他的父親鄭崇和因為屢次考不上功名，而從金門

開台進士鄭用錫塑像。

移居到台灣後壠（今苗栗縣），以教學謀生。由於父親是私塾先生，鄭用錫從4、5歲便開始接受啟蒙，以求取功名為職志。23歲時，他考取生員（秀才），其後經歷兩次落榜，終於在8年後考上舉人；36歲時，他赴京趕考，一舉中第，成為「開台黃甲」的新科進士，完成父親未達成的願望，也成為台籍人士中的第一位進士。

考取進士以後，鄭用錫並未立即當官，而是回到故鄉。他首先完成了《淡水廳志》初稿，隨後更以士紳的身分總理修築淡水廳城。在修築廳城的過程中，他不但捐出4千多元的鉅款，更勸募到1萬2千多元，將淡水廳沿用近百年的簡陋土城，新修成一堅固的石城。今天新竹市中心的迎曦門，便是這座石城的殘蹟。

之後，鄭用錫開始在明志書院講學，直到47歲時，在另一位進士黃驤雲的鼓勵下，才相偕到北京任官。任官不滿4年，鄭用錫或許是不習慣京官生活，也可

鄭用錫監督淡水廳城的建造工程。

能是因為長孫的出世，便辭官回鄉，繼續在明志書院教書。

此後，鄭用錫因年事漸高，加上夫人、兄弟與母親先後過世，讓他決心告別仕途，專心經營家園。他先跟族人興建進士第、春官第，其後十餘年間又陸續修築鄭氏家廟以及北郭園的內外兩園，造就了今日北台灣著名古蹟景點——「新竹鄭家」。不過，在這段時間，台灣也開始進入多事之秋。

1841（道光21）年鴉片戰爭之後，英國船隻開始騷擾北台灣沿海地區。身為鄉紳領袖的鄭用錫，遂招募鄉勇捍衛，一度生擒來犯洋人而受到清廷嘉許。十餘年後，台灣發生大規模械鬥事件，全島從北到南幾乎都有因祖籍不同而互相攻擊的情形。鄭用錫為了平息這種大規模的械鬥，先是撰寫〈勸和論〉勸安各族群，接著親身奔波於北台灣各村庄到處調停，盡力降低雙方的衝突和死傷規模。祖籍同安的他，甚至還在紛擾期間移居到敵對族群的聚落去。他這一舉動，降低了雙方的敵意，使得械鬥事件迅速落幕。

鄭用錫對鄉里的關注，為他贏得「鄭善人」的稱號。70歲時，也就是他過世的前一年，家人為他在北郭園設宴祝壽，當時竹塹地方異常熱鬧，甚至還因適逢閏月為他兩度慶祝（稱為「雙壽」），傳為地方美談。

台灣

發行人：王阿舍　發行所：遠流舊聞社

舊聞提要
1. 淡水廳於1853年發生頂下郊拼，最後福建同安人敗退，移居大稻埕。
2. 美籍船艦馬其頓號於

鄭用鑑功成身退

▲ 明志書院平面圖。書院內部除了授課用的講堂，還供奉朱子及歷史上的名臣鄉賢。

歷史報

1856年11月1日 穿越時空 獨漏舊聞

1854年至基隆搜尋失蹤的美國人。

3.鳳山縣人王辦1855年在岡山聚眾謀反。

4.明志書院講席鄭用鑑在1856年卸下長達30年
的教職。

讀報天氣：：晴

被遺忘指數：●●●●

明志書院帶動竹塹文風

【本報訊】在竹塹明志書院擔任教育工作長達30年的地方碩儒鄭用鑑，於日前卸下書院講席一職。鄭用鑑是開台進士鄭用錫的堂弟，也是一位文采卓然的學士，他在1825（道光5）年通過貢生選拔，成為北台灣首位貢元。鄭用鑑雖然順利取得功名，但並未入仕，而選擇留在家鄉，進入明志書院開課授徒。

明志書院創立於1763（乾隆28）年，一開始是設在興直堡新莊山腳（台北縣泰山鄉），直到1781（乾隆46）年才遷到竹塹城西門（新竹市）。明志書院對於講席（講師）的聘任一向十分慎重，除了鄭用鑑之外，還聘任過鄭用錫、陳朝龍、大稻埕舉人陳維英等人，都是台灣著名的文人；講席可說是書院的靈魂人物，不僅傳道、授業、解惑，同時還兼任教務主任與行政組長。在鄭用鑑等

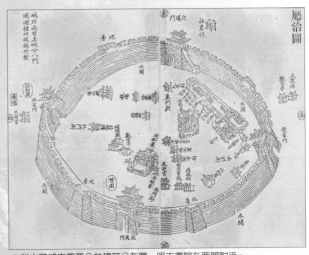

▲ 淡水廳城內重要公共建築分布圖，明志書院在西門附近。

人的帶領之下，明志書院培育出許多優秀的人才，也使竹塹一地成為北台灣文風最興盛

的地區。

在明志書院之前，台灣各地已有不少書院，包括台南府的崇文書院、海東書院與奎樓書院、彰化的白沙書院、斗六的龍門書院、嘉義的玉峰書院等。近年來包括東部噶瑪蘭（宜蘭）、南部阿猴（屏東），也陸續都有書院成立。書院做為地方教育機構的一環，具有培育地方人才、彌補政府學校教育不足的功能，因此，清政府對於書院的設置，向來十分重視。不過，從書院畢業的學生並不能取得任何身分或資格，必須要經過官方舉辦的考試才能獲得生員、舉人、進士

等身分。因此，書院算是一個純粹提供讀書的地方。

一般而言，書院是由官民共同捐款設立經營的，並由官府督導。書院除了教授學生，每月會定期實施考試，由講席或知縣主持，以驗收平日教學成果。此外，書院中會奉祀前聖先賢，像是倉頡、文昌帝君、朱子、韓愈等（每間書院所奉祀的對象並不相同），每逢神誕紀念日，便會舉行莊嚴的祭祀儀式。

隨著地方書院的設立和普及，台灣的文風也日益興盛

▲ 位於彰化鹿港的文開書院，興建於道光初年。

▲ 位於彰化和美的道東書院，興建於咸豐7年。

▲ 位於雲林西螺的振文書院，興建於嘉慶17年。

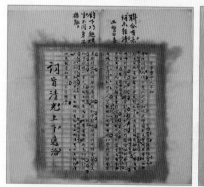
▲ 書院學生的作文。

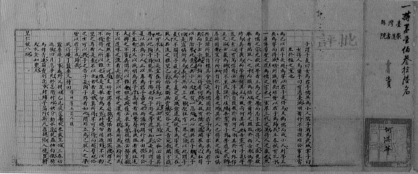
▲ 書院的教學包括講書與考課，圖為崇道書院的課卷。

鄭用錫年表
1788~1858

1788
●出生。

1818
●中舉人。

1823
●中進士。

1826
●聯合地方士紳向清廷建議將淡水廳竹塹城改建
  爲磚石城。

1827
●督建竹塹城有功，獲朝廷授同知銜。

1838
●興建進士第。

1851
●興建北郭園，爲北台灣名園之一。

1853
●撰寫〈勸和論〉。
●興建鄭氏家廟。

1858
●去世。

【延伸閱讀】
⇨ 張炎憲，〈開台第一位進士鄭用錫〉，《國文天地》5卷11期，
   1990，國文天地雜誌社。
⇨ 黃朝進，《清代竹塹地區的家族與地域社會》，1995，國史館。
⇨ 黃美娥，〈明志書院的教育家——鄭用鑑〉，《竹塹文獻》5期，
   1997，新竹市立文化中心。

給我一杯好墨水，
讓我沒鞋也不流淚……

1 一穿上鞋就哇哇大哭

2 故意把新鞋弄髒

3 用鞋底來磨墨

4 拿新鞋換別人的舊鞋

2 A 故意把新鞋弄髒

蔡廷蘭幼年就失去父親，孤兒寡母相依為命，因此有些村人很瞧不起他們。

有一年，年少的蔡廷蘭穿著母親新買的草鞋，行經一堆泥巴時，竟然穿著新草鞋踐踏在泥沙中。

旁人見了十分驚訝，以為蔡廷蘭是個白癡。這時蔡廷蘭說了一句話：「爛土有刺。」

當時無人了解其意，後來才有人體會到其中的深意：

爛土雖然是一堆不起眼的東西，但當你踐踏它的時候，可能被泥中的刺扎到。

也就是暗示村人：現在你們瞧不起我們母子，怎知道日後我們不會有成就呢？

後來蔡廷蘭力學苦讀，成為澎湖唯一一位進士。

推展地方文教的
開澎進士——
蔡廷蘭
1801~1859

　　人稱「秋園先生」的蔡廷蘭，是澎湖第一位進士，不過這位開澎進士的家族並不是世居澎湖，而是從金門遷居過來的。

　　蔡廷蘭是位「7歲能文澎未有，13入泮台稀聞」的神童，7歲時就已能寫一手好文章，更令人驚嘆的是他在13歲時便已高中秀才，可見他的文才相當出眾。不過他日後的考運並未就此一飛沖天，一直要到36歲才考中舉人，其後又等到44歲赴京趕考後才一舉得名，成為「開澎進士」，這時他已經過了「四十不惑」的年齡了。

　　從秀才邁向進士的這30年間，蔡廷蘭並非只汲汲營營於準備科考，反而花了很多時間參與地方文教工作。他先是幫助澎湖地方官也就是通判蔣鏞完成《澎湖續篇》稿，以豐富的文采，為地方留存珍貴的歷史記錄。在考上舉人的前一年，他渡海至福州參加鄉試，卻在回程遇到颱風，在海上與險惡的波濤奮戰了十晝夜之後，最後漂流到安南（今越南），在安南體驗了數個月的異國風情，半年後才又回到澎湖。由於這段異國經歷頗為精采曲折，他在中舉後便以生動的文字寫成《海南雜著》一書，成為觀察當時東南亞風俗民情的一本重要遊記。

　　除了文史遊記之外，蔡廷蘭對於地方慈善事業也投注相當多的心力。1831（道光11）年的夏季，澎湖接連遭逢大旱、起大風，又下起鹹雨，該年冬季便發生大饑荒。雖然地方官蔣鏞四處籌捐，又借來軍用米糧，仍然無法彌補飢荒所需。隔年災情持

蔡廷蘭在1836（清道光16）年高中舉人之後，至澎湖文石書院擔任書院山長，培育後進。

蔡廷蘭在1844（道光24）年高中進士後，隨即回澎湖祭祖，並且在雙頭掛舊宅旁興建「進士第」。圖為進士第外觀。

續擴大，蔡廷蘭藉著詩文，向澎湖上一級長官台灣道周凱請求賑濟，獲得周凱的重視，最後終能救活無數人。

蔡廷蘭對於地方教育也多有貢獻，他在中舉後便開始擔任澎湖文石書院第24任的山長。過去文石書院的山長平均任期多未達3年，這對於書院以及地方文教事業的發展多有限制。蔡廷蘭接掌書院山長達5年之久（1836~1842），同時還兼任崇文、引心等其他書院山長，作育英才無數。

蔡廷蘭高中進士後，便開始他的仕宦生涯，也離開他自小生長的地方。日後10年的為官生涯中，他曾歷任江西峽江縣、豐城縣等地的知縣，以及南昌的水利同知，最後卒於江西豐城縣知縣任內，得年59歲，逝後他的骨骸歸葬故里澎湖。

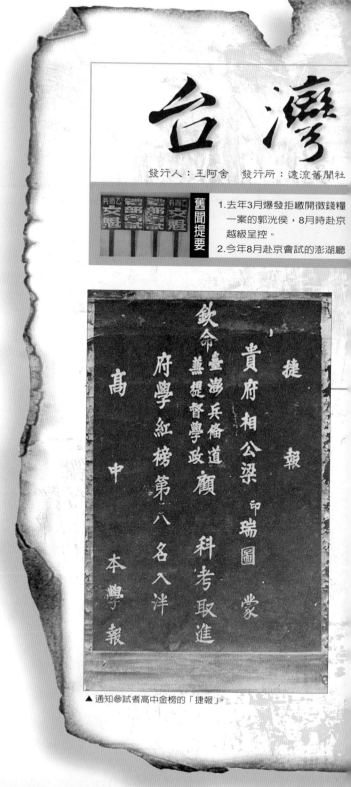

台灣

發行人：王阿舍　發行所：遠流舊聞社

舊聞提要

1. 去年3月爆發拒繳開徵錢糧一案的郭光侯，8月時赴京越級呈控。
2. 今年8月赴京會試的澎湖廳

捷報

欽命
貴府相公梁印瑞圖蒙
臺澎兵備道
兼提督學政顧
府學紅榜第八名入泮　科考取進
高中　本學報

▲ 通知參試者高中金榜的「捷報」。

人蔡廷蘭，高中進士二甲第61名。
3. 金廣福墾首姜秀鑾於北埔設立義塾。
4. 竹塹士紳林占梅召集地方團勇戍守大甲溪，防止嘉義、彰化二地械鬥蔓延。

讀報天氣：晴有雲
被遺忘指數：●●●●

渡海艱辛應考
蔡廷蘭成為澎湖進士第一人

【本報訊】湖湖廳出身的蔡廷蘭於今年赴京參加會試，高中進士二甲第61名。苦讀出身、家境貧寒的他成為澎湖有史以來第1位進士，同時也是清政府統治台灣以來的第9位進士。

台灣人口現在大約有200多萬人，但至今考取進士者卻寥寥可數。此時台灣仍是以經濟為重、文教為輔的墾殖社會，且台灣隸屬福建省管轄，就算擁有考試資格的台籍生員（即秀才），想要參加鄉試（舉人考試），還得先籌足旅費、冒著黑水溝（台灣海峽）的風浪，搭船

▲ 噶瑪蘭舉人林廷儀的執事牌。

到福建省會福州參加3年一度的鄉試。

通過鄉試、取得舉人資格後，最後的一關是必須遠赴京城參加會試，會試通過才有機會成為進士，過程困難。所以台灣的讀書人如果想中進士，不僅學識要豐富，身體狀況也得健康良好，家境也不能太差，不然連到福州參加鄉試的旅費都籌不出來，哪有機會進一步往前闖關呢？身體太差的，旅途上舟車勞累，萬一中途病倒，不但可能誤了考期，恐怕連命都不保了。

1694（康熙33）年時，陳夢球成為清政

府統治台灣以來，第一位考上進士的台灣縣人，但原籍是福建同安的他，當時被譏為是「冒籍」中試。因台籍秀才參加舉人考試，有所謂的「保障名額」，較易考取，所以有些大陸考生會把籍貫遷到台灣來。

1697（康熙36）年台灣舉人保障名額廢除，1729（雍正7）年後，因巡台御史夏之芳建議，才恢復「保障名額」。但是一直到乾隆中葉，才再有諸羅縣縣學附生（初進學的秀才）王克捷與鳳山縣的廩生（有奉給的秀才）莊文進考上進士，但往後40餘年，台灣不曾出現過一名進士。

為了改變這種狀況，1823（道光3）年，禮部特別規定：若台灣舉人前往京城參加會試的人數達到10人以上，就增設1名台灣進士的保障名額以資鼓勵。這一年，原籍台灣竹塹的鄭用錫考取進士，因之前考取者的原籍都非台灣，因而土生土長的鄭用錫獲得「開台第一進士」美譽。自鄭用錫後，文人的聲望地位逐漸提昇，社會也比較重視教育了。

本年度，澎湖子弟的蔡廷蘭能夠脫穎而出，優異之表現讓澎湖的父老與有榮焉。

▲ 噶瑪蘭人黃纘緒於1840（道光20）年中舉，他是第一位通過科舉金榜題名的噶瑪蘭人，因此人稱「開蘭第一棒」。圖為黃宅正廳前及朝廷所賜的文魁匾。

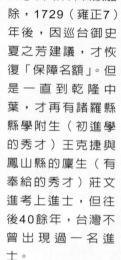

▲ 考棚內部空間分配示意圖（根據黃琡玲所著《台灣清代城內官制建築研究》之「考棚示意圖」重繪）

▲ 位於台中的台灣府儒學考棚。

▲ 考生必備的考籠。圖中的考籠是用竹子所編成的，高62公分，圓周169公分，重4.5公斤。

1801
●出生於澎湖林投澳雙頭掛。

1805
●進入父親所開設的私塾讀書。

1813
●考取生員，進入台灣府儒學為附生。

1814
●通過歲考，錄取第1等第1名。

1815
●通過科考，取得參加次年鄉試的應考資格。

1816
●至福州參加鄉試，但落榜，後回到父親的私塾擔任啓蒙師。

1825
●再次參加鄉試，仍未上榜。

1828
●協助澎湖通判蔣鏞補輯《澎湖紀略》，編成《澎湖續編》一書。

1835
●再度赴福州參加鄉試，回程遇到颱風，所搭乘的船隻漂流到越南，在當地停留數個月後才返回澎湖，之後將越南的所見所聞寫成《海南雜著》一書。

1837
●赴省城參加秋試，中式第31名舉人。
●受聘主講崇文書院，並兼任引心、文石兩書院主講。

1844
●進京會試，高中進士。

1858
●防堵太平軍有功，獲升贛州同知。

1859
●逝世，葬於澎湖拱北山麓。

【延伸閱讀】
⇨ 高啓進，〈開澎進士蔡廷蘭〉，《西瀛人物志》，1999，澎湖縣立文化中心。
⇨ 蔡主賓，《蔡廷蘭傳》，1998，台灣省文獻委員會。

天天天寒，
叫我不炒栗子也難……

Q 清代西螺七嵌的武館創辦人阿善師，他最擅長哪一種武功 **?**

1 武當太極拳

2 少林金鷹拳

3 佛山無影腳

4 精武門雙節棍
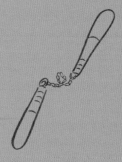

2 A 少林金鷹拳

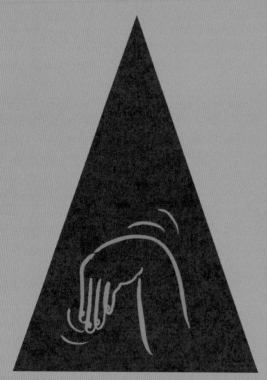

阿善師是師學自少林寺的武師，他在台灣所傳授的少林派金鷹拳，套路共有15種。
這套拳法的主要特徵是手部動作較多，多用擒拿法以手指截出對手要害。
對手靠近時多用手肘和拳掌攻擊，中長距離則用腿攻擊。
金鷹拳的攻擊力特強，出拳剛猛，出招時招招逼人，同時拳爪並用，
當對手採取攻勢時，則以向後跳躍的方式閃躲。
金鷹拳的動作快慢有序，架勢小、馬步低，利於避開對手攻擊，
可攻可守，極富陽剛之美。

西螺七嵌的武術傳奇——阿善師

1792~1867

位於雲林縣西螺鎮廣興里的振興宮，廟內供奉阿善師的牌位。

雲林縣的西螺鎮，可說是台灣少林武術的發源地。阿善師，就是西螺廣興「振興社」武術館的創辦人。他的本名劉炮，字明善，徒弟敬稱他為「阿善師」。

阿善師是福建詔安縣人，生於1792（清乾隆57）年，曾至少林寺拜師學武，擅長的功夫是金鷹拳。1828（道光8）年，阿

西螺七嵌所發展的武術可分為兩大流派，一派由頭嵌廣興庄的劉明善所領導，另一派則是由尾嵌港尾地區的廖金生領導。其中劉明善就是名聲響亮的「阿善師」。

善師隻身來到台灣，起初居住於打貓（今嘉義民雄）牛稠山，後來得知有表親在西螺一帶拓墾，便於1831（道光11）年遷到西螺廣興庄（今廣興里），這時他已年近40歲了。

西螺地區是一塊肥沃的沖積扇，康熙年間，不少福建漳州府紹安縣的廖姓移民，渡海來到此地開墾，經過多年的努力，西螺一地終於成為物產豐富的地區。每年的春秋二季以及秋收之後，眾人會聯合舉辦迎神賽會。為了公平分攤各項費用，分散於平原上的25處聚落，重新劃分成7個大角落，就是一般俗稱的「西螺七嵌」。這時的台灣社會，官府力量薄弱，因此在維持治安上都必須靠民間自力救濟。為了保護辛苦開墾的產業，西螺人紛紛自組武館，傳授武藝讓青年強身自保，同時也組織防衛的團隊，並串聯其他村庄，形成一緊密的聯防網絡。

精通武術的阿善師來到西螺之後，在

傳統武術的招式之一：仙女紡紗。

其表親的請求之下，也在當地開設起武館「振興社」。

他要求向他習武的青年們，必須先習醫然後再開始練武，以救人濟世爲主，不求名利。後來各地慕名前來學習的人越來越多，而且個個成就非凡，阿善師的名聲也就迅速傳遍各地。

在阿善師的門徒中，以廖富的功夫最好，最被阿善師器重。阿善師55歲那年將振興社交給廖富掌管，可惜不過兩年，廖富就過世了，他只好再親自料理館務。這時候，振興社因水災倒塌，阿善師就將武館遷到庄內的廖才述、廖盾父子家。1862年，阿善師71歲，年老體衰加上雙目失明終而退休。

根據阿善師的徒子徒孫們的回憶，阿善師不但擅長武藝，也精通一般內科及骨科醫術。他具有儒家謙抑忍讓的修養，一生理想在於濟世救人。在清代的台灣社會，阿善師與振興社爲西螺地方的平靜，帶來極大助力與貢獻。

1972年中華電視公司推出「西螺七劍」電視劇，轟動一時，雖然劇中情節頗多虛構，但阿善師和西螺七嵌武館的形象，卻從此名噪全台。

台灣

發行人：王阿舍　發行所：遠流舊聞社

舊聞提要

1. 行政院1月30日通過有線電視法草案，預定開放48家有線電視台。
2. 行政院2月21日公佈228

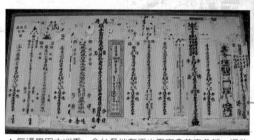

▲ 每逢學甲大刈香，全台各地有不少廟宇會前來參加，這些廟宇會事先至慈濟宮貼「香條」，確定前來的日期及時間，以便主事者能夠預作準備。

▲ 學甲大刈香為地方盛事，參加的庄頭都會籌組各式精采的陣頭參與神明遶境。

事件研究報告。

3.不定期舉辦的學甲大刈香，4月中旬舉行第5次遶境。

4.民進黨於4月19日發動總統直選示威遊行。

讀報天氣：雨
被遺忘指數：●

學甲大刈香隊伍壯觀
傳統庄頭武館也出陣

【本報訊】連續3天的學甲大刈香，已於昨日熱鬧落幕。

學甲大刈香是台南縣學甲慈濟宮所主辦的大型祭典，從二次戰後至今的40餘年中，包括這次總共才舉辦了5次。參加遶境的隊伍，包括有學甲境內13庄的47個角頭，加上旅外的鄉親與外地的分靈廟以及藝閣、陣頭等，多達70餘團。3天下來，遶境隊伍走了約1百公里。

在壯觀的香陣隊伍中，雖然多數庄頭都是以職業陣頭團體代替傳統的庄頭陣，但仍有東頭角、中洲、中社、中角等庄頭，是由庄內的武館排出傳統的宋江陣、高蹺陣、獅陣等參與本次遶境，可說十分難得。

武館是台灣傳統農村社會中十分常見的民間性團體，一般是由地方頭人出資，聘請熟悉武術、草藥知識的拳頭師傅擔任館主，來教導有興趣習武的村民。村民在武館中主要是打拳，偶而也會學練兵器。他們學武的目的，重在鍛鍊身體，另外，若遇到神明祭典遶境時，也會代表村莊出陣表演，像是宋江陣、弄獅等陣頭，都是武館子弟的拿手絕活。

隨著社會的發展，有些地方也出現了一

▲ 時年74歲的姚土木老先生。他年輕時曾擔任彰化和美集群堂的武師兼館主，家中還保存當時教武所使用的大刀。

▲ 姚土木老先生自製的獅頭。

面供奉著祖師爺神位、擺放武器，廟埕則作為練習打拳、弄獅的場所。各村庄的武館之間，也有友好與敵對的關係，友好者在需要出陣時互相支援，敵對的則在祭典時公開擺開陣勢，以武術互相競技，稱為「拼館」。武館的成員在出陣時，其演出的好壞，足以影響整個村庄的聲譽，因此，庄內子弟無不戰戰兢兢地練習，期待在各庄菁英集結的香陣隊伍中，展現最佳的實力。

些較私人化的武館，由拳頭師自己開設武館，學生須自費拜師習武，但這些武館仍與村庄保持一定的關係，祭典出陣時則由村庄或村庄公廟來支付他們出陣所需的花費。

村庄的武館多設在村廟兩側的廂房，裡

目前的廟會陣頭幾乎是職業團體的天下，我們經常會見到同一團在全台各地廟會中重複出現。因此，在學甲刈香隊伍中，純粹庄頭武館的子弟陣也就成為獨樹一幟、值得觀賞的地方特色。

▲ 台南西港的金獅團與宋江陣的陣頭表演。

▲ 台南七股樹仔腳寶安宮的白鶴陣與宋江陣至西港表演。白鶴陣與金獅陣、宋江陣合稱為「宋江三陣」，這三種陣頭常常互相搭配表演。

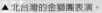
▲ 北台灣的金獅團表演。

▲ 台北大龍峒金獅團，素有「獅王」
的封號。

阿善師（劉明善）年表
1792~1867

1792
●農曆3月3日生於福建詔安。

1828
●隻身來到台灣，居住於打貓（今嘉義縣民雄鄉）牛稠山。

1831
●遷居西螺廣興庄，開設武術館，教授武藝。

1862
●因年邁體力不支，加上雙目失明，於是退休。

1867
●逝世。

【延伸閱讀】
⇨ 廖丑，《西螺七崁開拓史》，1998，前衛。
⇨ 李潼，《四海武館》，1999，圓神。

不要問我從哪裡來，
我的家鄉就在牌坊上……

1 幫助小白菜打官司

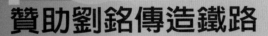

2 贊助劉銘傳造鐵路

3 幫助別人考試

4 每天煮飯給遊民吃

3 ^A
幫助別人考試

中國自隋朝開始實施科舉考試制度，這項制度一直延續到清末。

而清康熙年間被劃入清朝版圖的台灣，也從1687（康熙26）年開始實施科舉考試，

並在台灣府城（今台南市）設置考棚，定期舉行考試，中式者稱為秀才，

並可進一步至福建省城參加鄉試。

1875（光緒元）年，清朝重新調整台灣的行政區域，在原有的台灣府（台南）之外增設台北府，

依例府城內必須設立考棚。於是，當時艋舺（今萬華）的富商洪騰雲在1880（光緒6）年

慨然捐地、出錢，興建了一座可容納近千人的考棚。

此舉嘉惠了所有北台灣地區的考生，政府為了表彰他的善行，便建了這座「急公好義」牌坊。

急公好義的
艋舺米商——
洪騰雲
1819~1899

如果你問一位清末的台北人，誰是捐建義倉，又設置義塚、出資賑災、資助地方建橋、興建考棚的大善人，十之八九他會告訴你：艋舺米商洪騰雲。

洪騰雲肖像。

洪騰雲（時年約80歲）與曾孫洪長庚（為日後台灣第1位眼科學醫學博士）。

米糧的集散地，因此市況相當繁榮。洪騰雲接掌父親的事業之後，由於經營得法，幾年之內遂成為地方富商。

經商之餘，洪騰雲相當關心地方鄰里的事情。除了捐建艋舺義倉、設置義塚之外，每逢水災、火災等天災

洪騰雲，字合樂，1819（嘉慶24）年出生於福建省泉州府，5歲時隨著父親洪玉輝來到台灣，住在滬尾街（今淡水），後來遷到艋舺（今萬華一帶）。父親是經營合益米店的商人，店面位處交通樞紐的艋舺。艋舺從18世紀末商業就已逐漸發展，從事貿易的帆船多由此出入，再加上此地又是

事故，他還會出資賑災濟貧。地方上的建設如大甲溪橋的興建，也是他率先提供工資和食宿，聘請70名工人加入建橋工作。大甲溪橋完工後，往日居民為大水所困或因水流湍急導致船隻翻覆的不幸景象，就不再發生。

台北府設立之後不久，清政府有意興建考棚。得知消息後，洪騰雲捐出田地與經費，使考棚得以順利建成。這個設在府後街（今忠孝東路與中山南路交口一帶）的考棚，可以容納近千人應試，規模不小，讓北部的考生不再需要辛苦地跋涉到台灣府城（今台南）應考，著實是公益一件。考棚建成之後，清政府賜洪騰雲同知

急公好義牌坊興建於1888年，是清廷為表彰洪騰雲所興建的紀念物。

衛及三代四品封典。

　　為了褒揚洪騰雲長期行善，台灣巡撫劉銘傳於1887（光緒13）年奏請清政府立坊嘉獎，同時賜與「急公好義」一匾。次年，完工的牌坊立於城內鐵枝井附近（即今衡陽路與重慶南路口附近），於是，自牌坊所在的重慶南路到228和平公園這一段路便被稱為「石坊街」。

　　隨著市區發展、馬路的闢建，急公好義牌坊被移入228公園，繼續透過石坊與碑文，訴說一段富商熱心地方公益的美談佳話。

台灣

發行人：王阿舍　　發行所：遠流舊聞社

舊聞提要

1. 原隸屬福建省的台灣在1885年9月5日獨立為省。
2. 台灣省於1885年12月12日增設布政使。

富商大力支持

▲ 林維源是台灣巡撫劉銘傳推動新政的一大功臣。

3. 首任台灣巡撫劉銘傳於1886年1月19日上任。
4. 板橋富商林維源於1886年4月擔任全台撫墾
　總局的幫辦大臣及團練大臣等職。

讀報天氣：雨
被遺忘指數：●●●●

▲ 當一塊土地清丈完畢後，布政使司會核發
　丈單給土地所有人，作為日後田園納租的
　依據。圖為光緒14年的丈單。

台灣巡撫的新政順利啓動

【本報訊】1886年4月，板橋富商林維源允諾
大力支持自強新政，並接下全台撫墾總局的
幫辦大臣兼團練大臣兩項重要職位。林維源
的加入，使得台灣巡撫劉銘傳的「清賦」與
「撫墾」兩項重要政策，得以順利展開。

　　「清賦」的主要工作是徹底調查目前已
開墾的田地，將沒有納稅的地找出來，接著
再改變現有的課稅規則。據瞭解，其實林維
源本身就擁有不少未課稅的土地，因此清賦
對他可能會造成不少損失。不過，因為劉銘
傳用其他的商業利益作交換，林維源已經願
意配合政府的政策。

　　「撫墾」工作的內容是在招撫原住民、
開發番地，同時取得山地的經濟利益。在這
個工作上，劉銘傳親自擔任撫墾大臣的總指
揮角色，而林維源則不僅出任幫辦大臣兼團
練大臣，甚至還提供他在大嵙崁（桃園大溪）
的土地作為撫墾總局的辦公地點。撫墾初期
預料將遭遇原住民的反抗，能否順利進行還

▲ 台北城的承恩門（北門）與
◀ 景福門（東門）。

不一定。

從1862年出資支持官兵平定戴潮春之變開始，近20年來，林維源陸續對政府挹注大筆資金。而從劉銘傳到任以來，林維源對於劉巡撫的各項新政更是積極支持，包括較早捐助鐵路的興建資金，以及前年出資協助台北城各項興建工程等等。尤其是1884年11月建成的台北城，林維源甚至獨力出資蓋了小南門，便利板橋林家的進出。他以一介民間商人的身分，竟然可使台北城多開一門，可見林維源的財富實力。據消息人士指出，未來林維源與大稻埕富商李春生將在大稻埕合資興建一批店屋，專門租給來台貿易的外商居住使用。除了可預見的商業利潤之外，這也是配合劉巡撫將大稻埕建設成新興商業區的計畫。

政商的緊密結合，對於政府與商界而言都是雙贏。此時中央財政窘迫，而劉銘傳又想要推動各項重大建設，有了林維源的財力支持，新政的推行可說是成功了一半。當然

林維源自己也有一套如意算盤，不論是捐助政府的錢或是即將展開的清賦、撫墾，他都視之為投資。以撫墾為例，招撫原住民不是一件輕鬆的工作，但是如果番地開發成功，山區特產包括茶葉、樟腦預料可以為他帶來鉅額利潤，林家的事業同時也將大幅擴展。

▲ 台北府城除了東、西、南、北四個城門之外，南邊城牆另有林維源所捐建的重熙門（小南門），成為板橋方面的居民出入台北城的孔道。

▲ 貴德街由林維源、李春生所合資創建，北段稱「建昌街」，南段稱「千秋街」，專門租給來台經商貿易的洋人居住。貴德街由於緊鄰淡水河，容易遭到水患，所以地基都特別加高，成為此處獨特的景觀。

洪騰雲年表
1819~1899

1819
●2月27日生於福建泉州。

- -

1824
●隨父親來到台灣。

- -

1874
●率先提供70名工人興建大甲溪橋，並完全負擔
　其食宿及工資。

- -

1880
●捐地出資興建台北府考棚，造福北部學子。
●獲清廷頒同知銜及三代四品封典。

- -

1887
●台灣巡撫劉銘傳奏請清廷立坊嘉獎其義行，同
　時賜與「急公好義」匾。

- -

1899
●逝世，享年81歲。

- -

【延伸閱讀】
❖ 林滿秋，《產業台灣人》，2001，遠流。
❖ 楊雅慧，〈積善之家——洪騰雲與洪以南〉，《台北人物
　誌》，2000，台北市政府新聞處。
❖ 莊永明，《台灣紀事》，1989，時報。

洗頭髮、洗看法，
還要洗天然的大腳丫……

Q 日治初期的大稻埕名醫黃玉階為什麼每個星期都要去台北監獄報到？

1 免費幫犯人看病

2 當義工
你丟垃圾我來撿

3 參加戒鴉片班

4 勸導犯人改過向善

4 ^A 勸導犯人 改過向善

1899 （明治32）年，黃玉階接受日本當局的囑託，擔任台北監獄教誨師。
口才相當好的黃玉階，以善書作為宣講教材，深入淺出地將書中道理講述給囚犯們聽。
據說當他談到善惡報應的時候，不少人都開始低頭掉淚，甚至有婦人號啕大哭。
可以想見，黃玉階講經是如何地扣人心絃。
當時有8百多名囚犯聆聽黃玉階的勸化，其中竟有3百餘名因而向善改過，
也有人主動向獄吏討取佛經來研讀。台北監獄署長筒井原本安排黃玉階每周來一次，
但是囚犯們覺得次數太少，頻頻要求增加次數，後來便增為每週2次。
黃玉階做這一義務性的工作自1899年起，持續了18年之久。

宗教家與社會改革者——黃玉階

1850~1918

黃玉階肖像。

黃玉階是日治初期大稻埕地區的著名漢醫，除了懸壺救人，他也致力於社會風氣的改革和宗教信仰的推廣。

黃玉階出生於彰化縣大肚中堡五叉港附近（今台中縣梧棲鎮），家中以經商爲業，但是他對於做生意完全沒有興趣。後來他跟隨先生熟讀經史，20歲時拜李清機中醫師爲師，學習歧黃之術，6年後便自立門戶開始懸壺濟世。

早在黃玉階拜李清機爲師的前兩年，他就已經受到同鄉的影響而皈依齋教先天道。在執業7年後，他爲了傳道，不惜從中部遷到台北大稻埕，一邊經營醫菜坊一邊替人看病。醫病和賣醫菜，都使他接觸對象的層面十分廣泛，這對於他的傳道事業

有很大的幫助。1883年他獨力成立普願宣講所，以先天道的聖諭和善書來對大眾宣講。所謂「宣講」，又稱「說善話」、「講善」等，是一種以通俗口語對庶民講道的活動。

1884年，北台灣流行霍亂，疫情迅速擴散，各地死亡人數急速增加。黃玉階帶著精心調製的藥品，趕赴各村莊診治病患，經他妙手治癒的人數多達8百餘人。1895年，台灣割讓給日本，全台陷入一片混亂，同時鼠疫等多種傳染病大肆流行，這時的黃玉階經常背著醫囊奔走於窮鄉僻壤間，到處施醫濟藥。他還編寫《治疫醫書》等書四處分送，希望能幫助更多人。但個人的力量畢竟太過渺小，因此他極力鼓吹台灣總督府設立「黑死病醫療所」，並成立「百斯篤（鼠疫）預防組合」等防疫團體，他自己更同時身兼十餘個醫事要

1900年台北天然足會舉行成立大會，發起人黃玉階（前排左6）與眾人合影。

職，以便結合眾人與公家的力量來防堵疫情。數年後，北台灣猛烈的傳染病終於受到控制，黃玉階功不可沒。

1897年，黃玉階獲台灣總督府所核發的漢醫執照，是當時第一位領有漢醫證照的台灣人；雖然總督府對於台灣傳統的漢醫診療一向持有偏見，但仍不吝正面肯定黃玉階的精湛醫術。

黃玉階不僅致力於慈善醫療事業，同時他也以進步的思維從事社會風氣的改革。1897年，就在他奔走各地診治疾疫的同時，他還聯合40位地方士紳成立「台北天然足會」。該會的主張是讓婦女從纏足陋習中解放，由黃玉階本人出任會長。他不僅自籌經費，同時將放足的主張加入先天道宣教的內容中。接著，他又與《台灣日日新報》記者謝汝銓發起「斷髮不改裝會」，基於男人蓄留長辮是不合時潮、不衛生而且很不方便的習俗，主張應該要革絕此一陋俗。在當時社會，這樣主張是一種很前衛、新潮的想法，黃玉階可說是為當時台灣人開啟了一個新視野。經過多年的努力宣導後，斷髮放足的人數有了令人滿意的成果。

1918年，黃玉階因糖尿病去世，得年69歲。往後幾年，每逢他的祭日，仍有許多和他相關的新聞刊佈，這種榮顯即使是達官政要也十分罕見。

台 灣

發行人：王阿舍　　發行所：遠流舊聞社

舊聞提要

1. 台灣總督府於2月在東部成立官營移民指導所，鼓勵日本農民來台。
2. 宜蘭臨勇線前進隊自5月21日行動以來，死傷的原住民

台灣宗教紛亂並陳

【本報訊】齋教先天道教派的領導人黃玉階，日前草擬了一份〈本島人宗教會規則〉，這份草案可說是現階段台灣第一套全島性的宗教組織方案，從中也可以看出黃玉階整合全台灣宗教組織的理想與企圖心。

黃玉階早在1867年就皈依先天道，由於他事教虔誠，加上長年致力於先天道經典的研究與傳承，因此於去年被推舉為先天道台灣地區的領導人。就任後，他隨即開始大力整頓先天道的教務，集結教內重要幹部召開宗教講習會並親自講習，以強化幹部的宗教理念與認同意識。同時，他也積極介入其他宗教包括儒教、釋教以及民間信仰的宗教活動等。由於黃玉階對教務的積極，加上他的社會聲望及日本政府對他的信任，如果宗教會能夠推動成功，他將很有希望成為台灣宗教最高的領導人。

歷史報

1910年7月27日 穿越時空 獨漏舊聞

已達80餘人。

3. 先天道領導人黃玉階7月提出〈本島人宗教會規則〉草案。

4. 台灣總督府於10月3日公佈〈台灣林野調查規則〉。

讀報天氣：雨
被遺忘指數：●●●●

齋教領袖黃玉階力主整合

▲ 日本治台之後，日本佛教曹洞宗也隨之傳入台灣。1908年，黃玉階等人合力出資，在台北市東門一帶買下一塊土地興建禪院，以供僧侶佈教之用。圖為曹洞宗大本山台北別院現貌。

▲ 日本佛教臨濟宗的臨濟護國禪寺於1911年落成，黃玉階曾題詩相贈。圖為護國禪寺現貌（位於台北市酒泉街）。

▲ 齋教教友在齋堂內誦經，氣氛肅穆莊嚴。

　　論及先天道，這是當今台灣最具影響力的齋教之三大教派之一，其他兩派分別是龍華教與金幢教。所謂的齋教，屬於「在家佛教」，意思是說信教者不必出家也可以修行、講經說法，一般稱為「在家人」。其中女性教徒被稱為「菜姑」或「齋姑」，男性則被稱為「菜公」或「齋公」，他們修行的地方稱為「齋堂」，也就是一般人俗稱的「菜堂」。

　　根據教派的不同，齋教對於信眾的限制也不一樣。例如先天道力主獨身及素食，該派領導人黃玉階至今即尚未娶妻，而其他兩派對於嫁娶與茹素則沒有嚴格限制。由於先天道的要求較為嚴格，因此皈依信眾人數較少，但由於黃玉階在台灣宗教界的影響力相當強大，使得先天道足以與其他兩派並列。

　　在現今的台灣社會中，信仰齋教的人數相當多。若論及齋教的歷史源流，會發現齋教與佛教關係十分密切。日本統治台灣以後，也將齋教視為佛教的一個支派，不過現階段齋教在台灣的發展勢力遠比佛教大。總督府當局看準了齋教與佛教之間的密切關係，便計畫利用來台的日本佛教各派，來控制台灣本土宗教。黃玉階既是齋教界的領袖，又與總督府關係良好，因此各界一致認為他將是整合日、台佛（齋）教關係的最佳人選。

▲ 位於台南市北區的西華堂。西華堂是金幢派的教徒所創設的齋堂，歷史十分悠久。

▲ 位於台南市中區的報恩堂。報恩堂是先天道在台灣最早的傳道場所。

▲ 位於台南市中區的德化堂。德化堂是龍華派在台南的重要據點。

1850
●出生於彰化縣大肚中堡（今台中縣梧棲鎮）。

1867
●在同鄉何許中的家庭佛堂皈依先天道。

1869
●跟隨中醫師李清機學習醫術。

1875
●開始替人看病。

1882
●遷居台北大稻埕。

1883
●設立普願社宣講所。

1884
●協助台灣巡撫劉銘傳抵禦侵台法軍。
●診治北台灣霍亂病患。

1886
●獲清政府頒授五品軍功。

1897
●獲台灣總督府頒發漢醫執照。

1898
●獲總督府頒授紳章。

1899
●籌組台北天然足會。

1900
●出任大稻埕區長、台北監獄教誨師。
●擔任台北天然足會會長。

1911
●發起斷髮不改裝會，同時被推為會長。

1914
●認捐500日圓以興建台中中學校。

1915
●獲總督府頒授瑞寶章。

1918
●病逝，得年69歲。

【延伸閱讀】

⇨ 王一剛，〈黃玉階的生平〉，《台北文物》第5卷2、3期，1957，台北市文獻委員會。

⇨ 江燦騰，《台灣佛教百年史之研究》，1996，南天。

⇨ 李世偉，〈身是維摩不著花——黃玉階之宗教活動〉，《台灣佛教學術研討會論文集》，1996，財團法人佛教青年文教基金會。

不驚乞食趕廟公，
只要每餐三碗公……

1 大家餓得半夜唉又哀

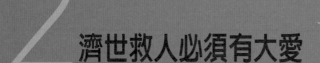

2 濟世救人必須有大愛

3 鴨仔寮的諧音

4 跳蚤老鼠咬得
大家哎哎叫

3 ᴬ
鴨仔寮的諧音

施乾原本是台灣總督府的職員，工作穩定且待遇優厚。

後來，他為了幫助乞丐，便毅然辭職，甚至賣掉自己所有的財產，買下一塊約千坪的土地，

並在家人的協助下，建造了一棟木造房屋，作為收容乞丐的處所，取名「愛愛寮」。

施乾的愛愛寮，來自於「鴨仔寮」的諧音。

台北大稻埕六館街附近（今南京西路一帶）有一條「鴨寮街」，該處聚集了不少乞丐，

後來乞丐聚集的地方便被稱為「鴨仔寮」。

然而，施乾對於愛愛寮有更深一層的期待，他希望大家愛自己的同時也能關懷別人，

發揮人飢己飢、人溺己溺的博愛精神，讓社會充滿溫暖。

和乞丐作朋友的社會學家——施乾

1899~1944

愛愛寮，是一個可以讓人重新出發的地方。這裡收容了乞丐、鴉片煙癮者、痲瘋病人、精神病人。愛愛寮供應他們的生活所需，還培養他們獨立生活的能力。這一個邊緣人天堂的創辦人，正是施乾。

施乾肖像。

1899年，施乾生於滬尾（今台北縣淡水鎮），家境富裕。從台北工業學校畢業之後，他進入總督府擔任技師，成為前景看好的青年才俊。當時，總督府正在進行台北市的乞丐總調查，其中，施乾負責調查艋舺區的乞丐生活狀態。在工作中，施乾不時遇到三代都是乞丐的家庭，悲慘的境遇讓他大為同情。於是他每天下班後，就到萬華地區找乞丐聊天、教導他們的兒女

施乾與繼室施照子的結婚照。

讀書，又自掏腰包請醫護人員救治生病的乞丐。

後來，為了能幫助更多的乞丐，他索性辭去總督府的工作，全心投入乞丐救濟事業。1922年他變賣全部家產，在艋舺區綠町（今萬華大理街）購下約1000坪的土地，又請求開設木材行的叔叔施坤山捐贈若干木材，興建了一座木造房舍，作為乞丐收容救濟所，取名為「愛愛寮」，免費供應乞丐衣服與食宿。

因為長期和乞丐生活，據說他曾被傳染蝨子和疥瘡，但他並不以為苦，甚至還常主動去救助乞丐。當時台北每逢廟會慶典，乞丐自四面八方聚集而來，施乾就會找人一起將他們帶到愛愛寮，親自為他們洗淨身體和理髮、捉蝨、上藥，並教導他們編草笠、草鞋，讓他們在後院空地上養豬、種蔬菜。施乾的想法是：讓乞丐有自立更生的生活能力後，就讓他們再度回到社會去。

施乾的投入，不僅止於對乞丐的生活照顧，他還進一步分析乞丐的社會處境、研究他們的人際關係，並將他的研究與想

愛愛寮全景。

法著作成書，包括
《乞食とは何ぞや》、
《乞食撲滅論》、《乞
食社會の生活》等
等。他發現，在乞丐
社會中也有領導階
層，稱為「乞丐頭」，底下還有「二顯」、
「三顯」（第二號、第三號人物）。平常由
「二顯」帶頭，如遇婚喪喜慶或寺廟祭
典，也是由「二顯」發令、率領眾乞丐前
往。乞丐頭相當富裕，多數蓄有妻妾，他
們也常與官府來往。由此可知乞丐社會仍
然擺脫不了專制帝王和上尊下卑的思想模
式。另一方面，乞食雖被視為賤業，但只
要懂得訣竅就不怕被餓死，因此許多乞丐
願意終身行乞。所以，施乾認為要消滅乞
丐不能靠少數人的救濟，而要改善整個社
會制度、實行社會福利措施。

　　由於長期照顧丐民，勞累過度，施乾
的原配謝惜1933年就過世，後來透過親友
介紹和通信，一位日本京都的千金小姐竟
然感動於施乾的大愛，而願意嫁給他，和
他一起照顧乞丐。1944年積勞成疾的施乾
過世，愛愛寮由夫人施照子繼續維持，雖
然施女士也於2001年12月逝世，但是愛愛
寮的社會救濟工作至今仍持續著。

台灣

發行人：王阿舍　發行所：遠流舊聞社

舊聞提要
1. 民間社會救濟機構愛愛寮
　 1933年10月2日成立。
2. 台灣上千名民眾簽名支持
　 由林獻堂等人發起的「台
　 灣議會設置請願運動」。

▲ 樂山園禮拜堂落成典禮時全體人員合照。

3.台灣總督府於1934年2月1日強制決定將全台
各鳳梨罐頭公司聯合經營。
4.專門收容痲瘋病患的民間機構樂山園於1934
年3月30日成立。

讀報天氣：晴有雲
被遺忘指數：●●

戴仁壽為痲瘋病人奔走7年
八里坌樂山園今日落成

【本報訊】台北馬偕醫館館長戴仁壽，7年來一直致力於建設痲瘋病患的收容所。在克服重重困難與挫折後，民間的第一座痲瘋病（又稱癩病）療養院——樂山園，終於在戴館長的努力之下宣告落成，址設八里坌，並於今日在院內舉行落成禮拜。總督中川健藏將蒞臨致詞，歐美各國駐台領事、各地關心的士紳、教會人士等也會到場祝賀。

來自加拿大的戴仁壽醫師，擔任馬偕醫館館長至今已有11年。從1925年起，戴仁壽在馬偕醫館開設特別皮膚科門診，專門診治痲瘋病患者，聞訊而至的求診者相當多。由於痲瘋病向來被民眾視為骯髒的絕症，得病者是因前世作孽才會染病。在這種偏差觀念之下，患者遭到社會鄙視、難逃被遺棄的命運，戴仁壽雖然能用特效藥救治病人，但一時仍無法改變社會的恐懼心理。由於不忍看

▲ 樂山園在1月19日舉行安放基石典禮，當日英國領事應邀參加並致詞。

到患者無家可歸的悲慘遭遇，戴仁壽決定成立痲瘋病患收容所。

1927年4月，戴仁壽在新莊迴龍找到一處理想的收容所地點，預定興建能容納200人的療養院，並於次年年底開始進行募款與宣傳工作。不料兩個月後總督府卻突然宣佈

要徵收該地，興建國家級的救癩療養院。原來，總督府是因為不甘心被輿論指責無能，想要搶先成立救癩機構。對於政府這種撿便宜的行徑，戴仁壽並不計較，他表示樂見國家投注資源在癩病救治上。後來這座國立救癩病院已於1929年底落成。

目前全台的痲瘋病患者至少有4千人，戴仁壽深知只靠官方規畫的療養院是不夠的，他仍然積極籌畫民間救癩機構，重新尋找合適的地點，最後才選定在環境幽美的八里坌。3年前開工之後，因為附近居民擔心遭傳染與居住環境變質，興建初期曾遭遇嚴重抗爭而停工，但經過戴仁壽與總督府折衝後，總督府允諾積極協助，並派警察總長參

加「樂山園」的開工典禮，顯示政府支援的決心，樂山園才得以順利興建。

樂山園的經費來源除了來自民間捐款外，還包括日本皇太后捐獻5千元、每年1千元補助款，以及總督府補助2萬8千元等。園內建築包括有21間可收容4人的病房、3間隔離病房、迎賓館、牧師館、職員宿舍、禮拜堂等，其中還包括由皇太后所捐贈的院舍。

經歷各種波折，今日樂山園慶祝落成，將成為台灣第一所由民間辦理的救癩機構，下個月起開始收容病患，提供更多痲瘋病患者在治療期間的容身之所，期使患者經由治療獲得重生的機會。

▲ 樂山園創辦人戴仁壽博士及夫人。

▲ 樂山園同仁合照，前排中為戴仁壽夫婦。

▲ 戴仁壽（左1）與郭水龍（中立者）等人在院前馬路合影。在郭水龍協助之下，戴仁壽得以順利找到興建樂山園的地點。

施乾年表
1899~1944

1899
●出生於淡水。

1922
●在台北市艋舺區綠町（今日大理街）購地，創建愛愛寮，開始收容乞丐。

1925
●印行《乞食撲滅論》等書。

1928
●以貴賓身分應邀參加日本天皇就位大典，並獲日本宮內省特頒天皇賞金，年年補貼愛愛寮。

1933
●成立財團法人愛愛救濟院，財政稍微穩定，原配謝惜卻積勞成疾而逝。

1934
●在京都與清水照子結婚；院中又收容近30名精神病患。

1944
●因高血壓病逝，得年46歲。

【延伸閱讀】

⇨ 林金田，《施乾傳》，1996，台灣省文獻委員會。

⇨ 林滿秋，〈從京都小姐變成乞丐之母——施照子〉，《台灣心女人》，2000，遠流。

⇨ 莊永明，〈救濟乞丐、萬家生佛——施乾〉，《島國顯影》二，1995，創意力文化。

⇨ 施乾，《孤苦人群錄》，1994，台北縣立文化中心。

管你怎麼ㄇㄢˋ，
ㄐㄩˊ冀的百合也會有春天…

Q 農民運動領袖簡吉最常在春天裡做什麼事 **?**

1 扮演春天裡的
一條蟲

2 陪著父母
下田耕種

3 找酒伴一起唱
四句聯仔

4 召集農民
做運動

2^A 陪著父母下田耕種

簡吉出生在南台灣的農村。當時台灣正在日本的殖民統治下，農民生活十分貧困。
那時農業尚未機械化，農耕需要大量的人力，簡吉的家庭也不例外，
但他們並沒有錢雇用佃農或臨時工幫忙，因此全家都必須投入耕種，
包括年事已高的父母，仍然整天忙碌種田不得休息，甚至連簡吉不到6歲的兒子，也必須下田勞動
簡吉曾感慨地說：「我們家的春天，是不暇賞花、嬉戲鳥蝶的春天，而是需要勞動的春天。」

人物小傳

貧困農民的代言人——
簡吉
1903~1950

簡吉肖像。

簡吉是日治時期台灣農民運動的靈魂人物之一。原本擔任教職的他認為，和辛勤的農人相比，自己猶如「領月俸的盜賊」，因而全心投入農民及社會改革運動。

1903年5月出生於鳳山農家的簡吉，父母都是辛勞的莊稼人，家境和當時其他農家沒兩樣，只能以拮据形容。雖然家貧，但在家人的支持下，簡吉仍然順利就學，直到18歲時從台南師範學校畢業。

畢業後，簡吉順利謀得教員職位，不但有良好的社會名聲，還有優渥穩定的薪俸。照理說，他大可安此一生，但他在鳳山及高雄第三公學校的任教期間，眼見學生們為了幫忙家務農事而無法兼顧課業，再加上當地蔗農受到製糖會社不合理租耕契約的剝削，農作收成得不到合理的報

簡吉（左）與李應章同為台灣農民運動的先鋒，李應章為二林蔗農組合的發起人。

償，許多學生家中因此失去土地，以至於生活陷入困境而紛紛退學等等情況，終使得簡吉決定投入社會改革運動。

1920年代正是台灣的自覺年代，當時文化協會在全島展開各種活動和演講，台灣農民在這股風潮之下也開始展開一波波農民運動，以爭取自己的權益。

簡吉首先幫助鳳山農民成立農民組合，針對當地富商陳中和的新興製糖會社打算收回蔗農租耕地一事，展開抗爭。後來鳳山農民組合成功地阻擋了新興製糖會社，也大大地鼓舞了全台各地的農民。隨後，簡吉為了指導各地的農民，便四處奔波提供抗爭的經驗。而台中大甲、雲林虎尾、嘉義竹崎等地，也紛紛成立各個農民組合，最後更在1926年串連成為全台性的「台灣農民組合」，由簡吉擔任中央委員長。

台灣農民組合成立後，簡吉為了向壓迫農民的源頭——殖民政府抗議，遂在1927年與農組的另一員大將趙港遠赴東

農民組合龐大的陣容。

京，向帝國議會請願。這次遠行雖然沒有獲得重大進展，但在這段期間他們卻得以目睹當時在日本全國如火如荼展開的農民運動，也因此與日本帶有共黨色彩的政黨團體（勞動農民黨）取得聯繫，並種下台灣農組兩年後被殖民政府鎮壓的遠因。

1929年，台灣總督府以搜查共產黨為名，對台灣農組進行全台大搜捕，總共逮捕數千人，其中簡吉以「違反出版法規」入獄服刑1年。出獄後次年，又被冠上「台共黨員」的罪名，判刑10年，直至1942年才出獄。

1945年日本投降、國民政府接管台灣，簡吉先後擔任「三民主義青年團」、「桃園水利會」及「台灣革命先烈遺族救援會」等機關團體的工作幹部。他除了繼續關心台灣農民的問題外，還籌建桃園忠烈祠。1年多後，台灣發生228事件，期間簡吉與在嘉義組織「自治聯軍」的張志忠聯絡，計畫有所作為，但隨著政府的血腥鎮壓而告終。1951年簡吉被捕並迅速槍決，罪名是匪諜與叛亂。

台灣

發行人：王阿舍　發行所：遠流舊聞社

舊聞提要
1. 高雄琉球嶼燈塔於3月15日落成啟用。
2. 《台灣民報》於3月29日改名為《台灣新民報》。

▲212事件二審判決後當事人與前往旁聽的農組同志合影，前排右4為簡吉，右1為另一位農民運動領袖侯朝宗。

▲212事件當事人與辯護律師古屋貞雄攝於高等法院前。前排左起為陳崑崙、簡吉、陳德興、蘇清江、顏石吉，後排左起為楊春松、江賜金、古屋、張行、侯朝宗。

歷史報

- 石塚英藏於7月30日出任第13任台灣總督。
- 「212事件」7月30日於台中地方法院舉行第1次開庭審查。

讀報天氣：晴有雲
被遺忘指數：●●●

212農民組合大搜查案
首度開庭審判

【本報訊】發生於今年2月12日的農民組合被搜查案，於昨日舉行第1次開庭審判。關心這件事的農組會員、被捕會員的家屬等人，把台中地方法院擠得水洩不通，當局則下令禁止旁聽。此時，被捕的農民組合幹部簡吉質疑當局大驚小怪，而眾多旁聽者則呼喊「簡吉，加油」，現場氣氛十分緊張。

所謂的「212事件」，是發生在2月12日，也就是今年農曆年初三的清晨6點，總督府發動全台大搜索，除了逮捕數十位農民組合成員之外，還將農民組合辦公室從本部、各地支部，甚至是幹部的住處，都仔細搜查過，從屋頂縫隙處到床底壁角都沒有放過。

說起來，這次總督府的霹靂手段，和農民團體近10年來的抗爭有關。台灣農民從1920年以來，在世界性的民族、社會主義思

▲ 不少製糖會社在甘蔗磅秤上動手腳偷斤減兩，讓蔗農損失慘重，圖為蔗農將甘蔗運至製糖廠秤重的情景。

潮影響下開始覺醒。1924年4月的「二林蔗農抗爭事件」，是農民首度的集體抗爭。翌年，高雄新興製糖會社不顧佃農生活，強要收回土地，引起農民集體抗議，會社最後讓

步。在團結必勝的激勵下，同年11月
15日農民決定創立鳳山農民組合，
簡吉被推為首任委員長。農民組合
主張要農產交易合理化、成立全台
農民組合、發展農村教育與文化
等。

▲ 新興製糖會社負責人
陳中和肖像。

▲ 糖業鉅子陳中和的豪宅外觀。

　　到了今年年初，總督府頒佈
「退職官拂下無斷開墾地」條例，讓
退職官員可以低價購買台灣土地。所
謂的「無斷開墾地」，是指未經批准
的墾地，包括未經政府同意開墾的官
方土地，或是因水災覆沒而失去地籍的私人
耕地。後者依規定農民可再提出申請，但因
農民不諳行政手續，有所疏漏，使得辛苦耕
種的農地不知不覺中變成「無斷開墾地」。如
今這些土地竟然變成退職官員的福利，當然
會造成農民們的憤怒，進而群起反抗。

　　因總督府不合理的對待、壓迫，加上農

組會員四處宣導抗爭經驗，啓迪了缺乏資訊
的農民，於是農民加入組合的人數大增。農
民組合的成員，從最初鳳山農民組合成立時
的13人，一直到了今年212事件前，人數已
高達2萬5千人。

　　農民組合向來強烈的反對態度與抗爭手
法，早讓台灣總督府深懷戒心，他們甚至懷
疑農組成員中有共
產黨員，此次搜查
目的就是想搜出有
關台灣共產黨的文
件資料。不管有無
搜出共黨文件，可
以確定的是，212
搜捕行動確實造成
了農民組合組織的
大亂。

▲ 農民辛苦種植甘蔗，卻無法獲得合理的報酬。圖為蔗農在蔗田中施肥的情景。

簡吉年表
1903~1950

1903
●出生於高雄鳳山。

1921
●自台南師範學校畢業，至鳳山及高雄第三公學校任教。

1925
●協助鳳山農民成立鳳山農民組合。

1926
●4月帶領大寮、大肚兩庄庄民北上向台灣總督府請願。
●6月協助成立大甲農民組合，並在鳳山成立台灣農民組合。
●7月陪同日本勞農黨幹部麻生久訪問嘉義竹崎農民。
●8月協助成立台灣農民組合虎尾支部。
●9月協助成立台灣農民組合嘉義支部。

1927
●與趙港赴東京帝國議會請願，同時拜訪日本農民組合與勞農黨。

1927-1928
●領導420多起農民抗爭案。

1929
●遭日本警察逮捕並被判刑，刑期爲1年又4天。

1931
●因「台共黨員」罪名遭逮捕，被判刑10年。

1945
●先後擔任三民主義青年團高雄分團書記、桃園水利會總幹事等職務。

1949
●出任中國共產黨台灣省工作委員會山地書記。

1950
●在國民政府情治單位大肆整肅異己之下，被捕槍決。

1982
●兒子簡明仁（大眾電腦董事長）成立簡吉陳何文教基金會。

【延伸閱讀】
➪ 葉榮鐘，《台灣民族運動史》，1993，自立晚報社文化出版部。
➪ 韓嘉玲編著，《播種集——日據時期台灣人民運動人物誌》，1997，財團法人簡吉陳何文教基金會。
➪ 賴佳慧，《在野台灣人》，2001，遠流。

老闆，食七碗真正免錢？

Q 山水亭老闆王井泉對台灣餐飲界有不少貢獻，他曾經做過下面哪件事**？**

1 公開山水亭的料理祕方

2 開放山水亭招牌讓全台小吃店加盟

3 號召同業一起組織社團

4 傳授廚師蔬果雕刻刀法

3 号召同業
一起組織社團

1939（昭和14）年，大稻埕人王井泉在當地開設了「山水亭」。

美味的餐點、周到的服務，加上古道熱腸的老闆，使得山水亭成為當時大稻埕最著名的台菜館，

各地的大廚也把「山水亭的頭師」做為生涯目標。為了提供客人更好的服務，

王井泉在開店之前曾前往日本考察，希望能帶回一些新觀念，改變台灣傳統飲食店的攤販型態。

王井泉對於餐飲經營的熱誠，使他在餐飲界有極佳的人緣與聲望，因而當選了飲食店組合理事。

他在任內常常舉辦相關活動，1940年，並與同業合組「茶心會」，每周固定聚會一次，

除了互相檢討業務得失，各家主廚也在此時施展個人拿手好菜，互相切磋廚藝。

近代台灣藝文運動的園丁——王井泉

1905~1965

1930年代的大稻埕，出現了一位民間的藝文贊助者，以私人的財力資助藝文活動，因而帶動了新文學與新戲劇的蓬勃發展。他的一生中扮演過許多種角色，他做過機械工、酒家經

王井泉（前）與友人合影。

王井泉與魏筊於1928年結婚。

理、餐廳老闆、劇運人士、園丁……；他總是開風氣之先，卻自號「古井」。這個人，就是王井泉。

王井泉在27歲那年開始投身餐飲業。他首先到維特酒家擔任經理，滴酒不沾的他卻努力經營，使得酒家的生意蒸蒸日上。合約期滿後，他毅然去職，決定自己創建一間理想的餐廳。這個願望，在1939年的延平北路上完成，那便是「山水亭」。

山水亭是一間正港台灣味的餐廳，它雖然也有紅燜魚翅、掛爐全鴨這樣的大餐，不過割包、水餃、燒賣之類的點心更叫顧客回味無窮，而且店中消費十分平價，「5碗3、3碗2」（5碗3元、3碗2元）的精美定食，是山水亭的招牌菜。

物美價廉的山水亭很快便成為當時台、日文化人的聚會場所，王井泉也因而與不少文人熟識。經營過茶店、酒樓、餐館的他，其實是個熱愛文藝的人，其中又以曼陀林（小提琴）演奏跟新劇活動是他的最愛。他所參加的「克拉爾底」（德文「光」的意思）樂團在1930年代間曾定期為台北放送局演奏播音；而1920、30年代的新劇運動中，他還是重要團體「星光演劇研究會」與「民烽劇團」的活躍成員。

日治後期，由於日人推行激烈的皇民化運動，台灣的新劇運動一時停滯。當時民間的新劇若不是將歌仔戲以新瓶裝舊酒的方式改成「改良戲」（如穿上日本服飾的歌仔戲），就是抄襲電影的情節。王井泉對當時新劇的發展方向十分焦慮，數次組織劇團，希望能延續新劇運動的薪火，追求能夠傳達近代社會關懷的現實主義戲劇。

1943年4月，以《台灣文學》集團為後援的「厚生演劇研究會」宣告成立，王井泉出任負責人。

王井泉（後排左2）也是「星光演劇研究會」的成員之一。

在這個劇團中他不但擔任製作人，更扮演台灣新劇運動傳薪者的角色。同年，厚生演劇研究會於永樂座舉行公演，場場爆滿。厚生的演出由於編劇、導演、舞台裝置、音樂等各方面均表現傑出，在當時被喻為「台灣新演劇運動的黎明」。戰後初期，王井泉仍積極於延續新劇運動的道路，由他出任團長或顧問的劇團有「聖烽演劇研究會」、「人人演劇研究會」等。

戲劇之外，王井泉還是日治末期重要的文學雜誌《台灣文學》的發行人；1946年「台灣文化協進會」辦《台灣文化》雜誌，他也贊助廣告，甚至繼王添灯之後，擔任《人民導報》的發行人。

山水亭的生意在戰後漸走下坡。1953年，山水亭遷到民生路，規模僅剩原有的十分之一；兩年後，終於宣告關門大吉。王井泉的晚年是在台北市的榮星花園度過，他在那裡默默當了10年的園丁，直到過世。

台灣

發行人：王阿舍　發行所：遠流舊聞社

舊聞提要

1. 台灣總督府宣佈進入戰備時期，全台灣的鳳梨、香蕉產地皆改種蕃薯、花生。

第一回研究發表会

厚生演劇研究会

▲《閹雞》的公演海報。

2. 台灣自4月開始實施義務教育，以確保兵源。
3. 厚生演劇研究會9月3日舉行首次公演。
4. 美國軍機11月25日轟炸新竹機場。

讀報天氣：：晴空萬里
被遺忘指數：●●●●

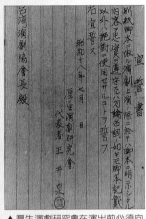

▲ 厚生演劇研究會在演出前必須向台灣演劇協會繳交宣誓書，保證劇中沒有任何「不當」的情節，由此可知當時日本當局對於台灣戲劇的箝制。

藝文贊助開花結果
厚生演劇會今日於永樂座公演

【本報訊】以鄉土色彩為號召的厚生演劇研究會，今日起一連6天將假台北市大稻埕永樂座舉行第1回公演，上演劇目包括《閹雞》、《高砂館》、《地熱》以及《從山上看街市的燈火》等4齣戲。

　　厚生演劇研究會能承繼1920年代新劇運動的傳統出發，主要得力於山水亭餐館老闆王井泉。王井泉本身既非豪富世家，又不是文藝創作者，卻願意傾己所有，來熱情贊助藝文活動，實為難得。據說王井泉不但出錢出力鼓勵音樂、美術、文學與戲劇的創作，而且他所經營的山水亭還每天供應兩餐，免費招待藝文朋友。

　　從來，有能力贊助藝文的人大半是世家大族，贊助的主要項目包括有就學和藝術贊助；台灣首富板橋林家、新竹望族鄭家、台

《閹雞》一劇的劇照。

▲《閹雞》的女主角月里。

北茶商鉅子李春生家族、台中清水楊家，以及霧峰林家，都曾資助過貧困的優秀學生。另外，書香門第清水楊家的楊肇嘉與霧峰林家的林烈堂，也都曾以藝術贊助的方式鼓勵藝術家。霧峰林家的林烈堂就與不少藝術家有密切往來，包括李石樵、顏水龍、廖繼春、陳澄波、郭柏川、楊啓東等人。

贊助的方式多半是以高價請畫家作畫，例如，李石樵曾為林烈堂畫過全身肖像畫，而林烈堂付給畫家2000元。其實以行情而論，酬勞應為1000元，林烈堂卻支付了2000元，贊助的意味頗為濃厚。另外，李石樵也曾為林家的林獻堂及其親族畫過肖像，行情約為300元，但皆多給付至500元。

除了高價作畫之外，畫家顏水龍也曾在林家的贊助下遠赴歐洲完成學業。林家並選購他臨摹歐洲名家的畫作。為了禮尚往來，顏水龍通常也會再贈送自己創作的風景畫。

對於這些豪族世家來說，文藝贊助不完全是慈善事業，一方面既是對人才長時間的

投資，在短時間內也可增加不少收藏品。像林家，就常會將購得的畫作掛在牆上，以搭配室內的整體裝潢，而受贈的風景畫作則送到家族產業中的銀行、公司辦公室擺掛，作為裝飾，同時也幫畫家宣傳。

反倒是類似王井泉這樣的小商人，能夠出錢出力來贊助文藝活動的可就少見了。

▲ 王井泉（前排左1）以他經營餐飲的收入來贊助文化活動。圖為他與餐飲界同仁合影。

▲ 畫家李石樵為楊肇嘉繪製肖像。

▲ 李石樵於1940年在台中圖書館開設油畫個展，楊肇嘉（左）特地前來參觀。

王井泉年表
1905~1965

1905
●6月4日出生於台北大稻埕。

1928
●和魏妧女士結婚。

1931
●擔任維特酒家經理。

1939
●在延平北路上開設山水亭台菜餐館。

1940
●集合台北烹飪同業,組成「茶心會」。

1943
●9月3日厚生演劇研究會在台北市永樂座舉行第1回研究發表會。

1953
●山水亭自延平北路遷至民生路。

1955
●8月山水亭結束營業。

1965
●5月19日病逝,得年60歲。

【延伸閱讀】

✧ 石婉舜,〈戰爭與戲劇──兼論厚生演劇研究會的「國民演劇」批判〉,《廿世紀台灣「新文化運動」與國家建構》論文集,2002,吳三連台灣史料基金會。

✧ 婁子匡,〈王井泉和山水亭〉,《台北文獻》6、7、8期,1969,台北市文獻委員會。

✧ 蔡淑滿,〈山水亭:台北的文藝沙龍(1939~1955)〉,《國立中央大學中國文學研究所論文集刊》7期,2001,中央大學。

上天告訴我：
「這是一定要的啦！」

Q 創立埔里第一家診所的謝緯醫師，是誰改變了他的人生 **?**

1. 神愛世人的耶穌

2. 句句好話的證嚴法師

3. 正港台灣人馬偕

4. 愛丟炸彈的山姆大叔

4 ^A 愛丟炸彈的山姆大叔

謝緯出生在一個虔誠的基督教家庭，從小在母親的要求之下，每天都要背誦一段聖經中的經文。
謝緯從9歲起就決定了將來的志向：當一名傳道的牧師。但是，當謝緯從神學院畢業後，
日本政府對包括基督教在內的各項宗教採取嚴格管制，因此讓謝緯轉而習醫。
原本在日本東京一家醫院服務的謝緯，為避戰亂而搬到東北方的仙台。
一天夜裡，美國轟炸機空襲仙台一帶，謝緯的隔壁房間剛好被擊中，
他幸運躲過一劫，並當下決定不再逃避上帝所給的任何一項挑戰。
不久，他回到台灣，開始了行醫與傳道的新人生。

虔誠的信徒、慈悲的醫者——
謝緯

1916~1970

很多人都聽過史懷哲在非洲行醫傳教的感人故事，卻不一定知道台灣也有一位長年在山地從事醫療佈道的人，他的名字叫謝緯。

謝緯1916年出生於南投縣，9歲時因罹患嚴重的肋膜炎，承諾病癒後要奉獻爲主工作。1934年，他進入台灣基督長老教會的台南神學院，實踐當年的諾言。

在神學院期間，謝緯專心研究「上帝」與「社會問題」之間的關係，然而，戰亂加上日本政府對教會的壓制，讓他不想繼續在教會工作。當時他認爲，做一個自由傳道者，可以和社會維持更好的關係。

隨後他轉考醫學院，畢業後先後在日本東京和仙台行醫。直到有天半夜，美軍空襲日本，砲彈炸開他的住處。他在火光中逃亡，才猛然驚覺自己一直在逃，從教會逃到俗世，從台灣逃到日本，又從東京逃到仙台。那一刻，他決心不再逃避了。

戰後，他結婚並和新婚的醫生妻子回到台灣，開始傳道與行醫的新人生。1949年他成爲牧師，同年，巧遇孫理蓮牧師娘（Lillian R. Dickson）。透過她所主持的芥菜種會，謝緯了解到山地居民對醫療的需求，於是加入巡迴出診的山地醫療團隊。他和4、5位醫生，經常跋山涉水7、8個小時進入山區，連續站個5、6小時治療5百多名病患，卻不支領任何費用。

謝緯肖像。

1955年到60年間，謝緯和朋友進一步在南投山區設了「基督教山地診所」和「基督教肺病療養院」，供山區原住民求診；另外他們也爲平地人建築一所新的「肺結核醫療所」。

1959年起，謝緯和夥伴們開始在台灣西南沿海地區進行巡迴醫療，爲當地的貧民及小兒麻痺患者義診。同

謝緯、妻子楊瓊英與3個女兒合影，當時老幺尚未出世。由左到右依序是長女慧華、三女怜瑾、次女慧禎。

謝緯常常四處奔波為病人治病。

時，他也開始從事烏腳病的醫療工作，在台南縣的北門烏腳病免費診所兼任義務醫師。除了巡迴醫療之外，他還有父親留下的大同醫院必須照顧。在此同時，身為牧師的他，週日還經常到南投山區的小教堂去講道。1969年他被推選為基督長老教會台灣總會的議長，益增的責任讓他更為奔波勞碌。

有人看他這麼忙，以為他一定賺很多錢。其實他除了自家醫院的收入外，其餘都是免費義診。甚至當貧苦患者到大同醫院看病時，他非但不收費還解囊相助。

儘管忙碌，謝緯對病人始終耐心體貼，甚至親自幫那些護士不敢接觸的病患換藥。1970年6月17日，在連續30多小時的開刀、出診後，家人要他休息一下，他卻堅持趕到二林去赴病人的約。他說，「我早一分鐘到醫院，病患們便少受一分鐘的痛苦，甚至可以多救一條命。」誰知說完這話的20分鐘後，他就因為過度疲累在開車途中撞樹身亡。20多年後，第2屆的醫療奉獻獎特別頒獎給他，以紀念這位燃燒自己照亮別人的偉大醫師。

台灣

發行人：王阿舍　發行所：遠流舊聞社

舊聞提要

1. 台灣省文獻委員會前主委林衡道於1月18日病逝，享年82歲。
2. 台北市第一座公辦民營的萬

無限大愛無盡關懷

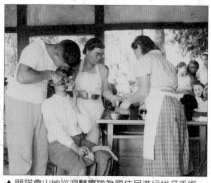

▲ 門諾會山地巡迴醫療隊為原住民進行拔牙手術，窗外擠滿了好奇的民眾。

▲ 門諾醫療團隊來到花蓮縣壽豐鄉為當地民眾進行健康篩檢。

歷史報

芳醫院2月15日開診。

3.西藏精神領袖達賴喇嘛3月22日抵達高雄，展開
台灣之旅。

4.醫療奉獻獎第7屆受獎人名單4月6日揭曉。

讀報天氣：陰
被遺忘指數：●●

▲ 烏腳病診療所不僅提供醫
療服務，也教導病患一技
之長，讓他們可以自立更
生。圖為烏腳病患者製作
草席的情形。

醫療奉獻獎名單揭曉

【本報訊】由衛生署、新聞局、立法院厚生
會共同舉辦的「醫療奉獻獎」第7屆受獎名
單於日前揭曉，13位得獎人士中有將近一半
是外籍的傳教士，台籍的得獎人則包括了一
生在台南縣北門鄉醫治烏腳病患的王金河、
服務於山地離島等偏遠地區的汪招妹與洪淑
惠等人。

世居於台南縣北門鄉的王金河醫師，人
稱「烏腳病之父」。烏腳病俗稱「烏乾蛇」，
自1950年代起，普遍出現在台灣西南沿海一
帶，包括北門、學甲、布袋、鹽水、義竹等
鄉鎮。患者的四肢先局部變黑並逐漸蔓延，
最後因外傷而導致潰爛、自動脫落，即使接
受截肢手術，還是可能會再惡化，而面臨一
再截肢的厄運。

1960年，基督教芥菜種會孫理蓮女士率
先在北門創辦了烏腳病免費診所，由王金河
擔任主治，謝緯負責外科醫療。在他們專業
而免費的醫療下，無數烏腳病患者的身體與

▲ 創辦於1960年的烏腳病診療所，位於台南
縣北門鄉。右1為主治醫師王金河。

▲ 孫理蓮牧師娘（左4）至診所探望烏腳病患。

謝緯 93

心靈獲得救助，使原本悲苦的生命得以重獲曙光。遲至10年後，省政府才開始投入烏腳病的研究與防治工作，並撥款補助北門烏腳病診所。

台灣醫療機構與資源的分布，向來偏重在各大都會區，山區、離島、沿海等多處偏遠地區，則是長期處在醫療環境惡劣的情況之下。填補這些巨大醫療空洞的，多是由佛教、基督教、天主教等各個宗教神職人員所領軍的醫療團隊，他們為這些醫療資源缺乏的地區帶來醫療救助與人道關懷。

以花蓮地區為例，由於位處於交通不便的東部，醫療資源向來十分缺乏。1948年開始，由基督教門諾會所組成的「門諾會山地巡迴醫療隊」著手進行原住民醫療計畫，他們以巡迴醫療車到各山區部落去義診並教導衛生常識，同時更推行各項傳染病的防治工作。1954年基督教門諾會醫院成立之後，服務的對象更擴及一般的平地住民，讓更多人可以接受現代化醫療以及真誠關懷。

另外，以證嚴法師為領導者的慈濟功德會，在幾位花蓮省立醫院醫師的支持下，也於1972年成立「慈濟附設貧民施醫義診所」，每周固定兩次為沒有錢看醫生的病人診治施藥。同時，為了服務患病嚴重、行動不便的病患，醫師們還帶著藥箱親自到病人的家裡問診。直到1986年慈濟醫院設立為止，義診所服務的貧病者超過14萬人次。義診所提供的醫療服務與細心關懷，著實給醫療資源貧乏的花東地區帶來了莫大的幫助。

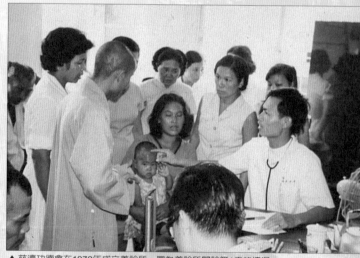

▲ 慈濟功德會在1972年成立義診所，圖為義診所開診第1天的情況。

▲ 慈濟功德會領導人證嚴法師關懷貧病者不遺餘力。

1916
● 3月2日誕生於南投的基督教家庭。

1933
● 受洗於南投教會。

1934
● 進入台南神學院就讀。

1938
● 畢業於台南神學院，同年赴日本習醫。

1942
● 畢業於日本東京醫學專門學校。

1945
● 太平洋戰爭，因空襲死裡逃生而頓悟，決心不再逃避人群。
● 與楊瓊英女士於日本結婚。

1946
● 返台，遇孫理蓮女士，開始參與台灣高山遠地的醫療服務工作。

1951
● 赴美深造醫學。

1955
● 在埔里興建第一所山地醫院──基督教山地診所。

1956
● 在鯉魚潭創立「基督教肺病療養院」，大部分病人為原住民。

1960
● 兼任台南北門「烏腳病免費診所」的義務醫生。

1964
● 兼任二林基督教醫院醫師。

1969
● 被推選為基督長老教會台灣總會的議長。

1970
● 6月17日於前往二林義診的途中，車禍身亡，得年55歲。

【延伸閱讀】
↪ 謝大立，《謝緯和他的時代》，2001，新樓書房。
↪ 黃崇雄，《烏腳病房》，1996，台南縣文化中心。

我接，我接，我接接接！

人稱「少棒之父」的謝國城曾經說，
為了棒球運動，下面哪種職務他也願意接 ❓

1 大腳丫會長

2 大本乞食

3 大頭仔總幹事

4 大公無私改革隊長

2 ^A 大本乞食

1957 年5月全國棒球委員會成立時，全部財產不到100元。

因為經費實在太拮据了，總幹事謝國城必須四處募款，才能勉強湊到經費，

在國內舉辦棒球賽或讓球隊出國去參賽。

其實，以日本早稻田大學畢業、高居銀行協理職位的謝國城，根本無須如此辛苦，

但他說，「就算是當大本乞食到處去要錢，也一定要把經費湊起，讓大家能出國比賽。」

台語的「大本乞食」，指的是好吃懶做以致淪為乞丐的人，含有輕蔑的意思。

對社會菁英的謝國城來說，「伸手討錢」實在是件難堪的事，

但為了推展棒球運動，他卻甘願像乞丐一樣四處去要錢。

在這樣的熱情、執著與努力下，謝國城終於為台灣的棒球運動打下了良好的基礎。

棒球運動拓荒者──
謝國城
1912~1980

謝國城肖像。

2001年世界盃棒球錦標賽在台北舉行，讓沉寂一時的棒球運動再度引發熱潮。回顧台灣棒球運動發展史，不能不提到一個人，就是人稱「少棒之父」的謝國城。

謝國城出生於台南，父親是府城才子謝石秋，姊姊是後來嫁給金融鉅子陳炘的謝綺蘭（原名謝吻）。幼時，隨家人赴日定居，大學就讀的正是日本棒球名校早稻田大學政經系，不過，大學期間他更熱衷於台灣議會設置請願運動等政治活動，並受聘擔任台灣新民報特約記者，撰寫專欄、評論時政，畢業後進入東京時事新報工作。1946年他返台定居，陸續任職於金融工商業界，直到1949年到合作金庫工作後，才真正與棒球結緣。

在任職合庫期間，他曾帶動「六行庫棒球賽」熱潮，包括土地銀行、台灣銀行、第一銀行、彰化銀行、華南銀行與合作金庫等6家銀行，從1948年起每年在台北新公園（今228和平公園）舉辦比賽，其中合庫便扮演了重要的角色。

1957年謝國城接下台灣省棒球委員會總幹事一職，全力推展台灣棒運。當時棒委會的經費極度缺乏，然而謝國城仍堅持每年舉辦比賽，並邀請國外球隊來訪，以提升台灣球隊實力。1968年，他安排實力堅強的日本和歌山少棒隊來台進行友誼賽，竟然以7A比0的比數敗給台東紅葉少棒隊，台灣少棒的實力迅速引起矚目。

隔年，中華金龍少棒隊正式成軍，並打敗日本等亞洲隊伍，獲得遠東地區代表權，得以競逐世界少棒冠軍。然而棒球隊卻苦無經費，眼看必須放棄到美國參賽的機會，最後在謝國城的奔走之下，及時獲得美軍顧問團等的捐款，並說服航空公司以謝國城個人名義開付支票購買機票，才能送金

謝國城與旅日棒球好手王貞治合影。

謝國城（後排右2）率領台中金龍少棒隊在1969年世棒賽中奪得冠軍，圖為謝國城與金龍少棒隊員，和當時總統蔣中正、夫人蔣宋美齡合影。

龍小將飛上雲端，並獲得世界冠軍。

　　金龍小將的成功，一棒打開世界的大門，將台灣棒運帶入新境界。隨後10年內，台灣少棒、青少棒及青棒紛紛登上世界舞台，所向披靡。棒球運動在台灣也因此大為風行；每遇比賽，國人徹夜不眠地守候電視機前為中華隊加油。1977年「三冠王」殊榮更將台灣棒球迷的情緒激到最高點。誰也沒料到，1980年12月28日，謝國城受邀參加中日青少棒邀請賽開幕典禮的隔日，他突然心臟病發，撒手人寰。

　　謝國城曾向家人透露希望能從棒壇退休，然而當時「四冠王」（少棒、青少棒、青棒、成棒冠軍）的目標尚未達成，成棒代表隊也被排拒在國際棒壇門外，因此對於棒運他的心中實在充滿牽掛。在他逝世後，家人從他的外衣口袋中發現了一張便條紙，寫滿了對棒球運動的檢討及努力目標，可見他對棒球的熱情，直到過世前一刻都還未終止。

台灣

發行人：王阿舍　發行所：遠流舊聞社

舊聞提要

1. 台灣在7月29日發生有史以來最大規模的停電。
2. 雲門舞集藝術總監林懷民在8月31日獲頒菲律賓

▲ 紅葉少棒發源地紅葉國小，座落在台東縣鹿野溪畔的台地上。

▲ 圖中由左到右分別是紅葉少棒隊員邱春光、胡明澄、邱德聖之子邱俊文、余宏開之子余賢明，坐者為江紅輝。邱德聖與余宏開皆已過世，但是他們的兒子承繼了父親對棒球的熱愛與夢想，兩人目前都已是成棒界的好手。

歷史報

1999年10月8日　穿越時空　獨漏舊聞

「麥格賽賽」獎。
3. 台灣9月21日清晨發生規模強度7.3的強震。
4. 純16影展於10月15日在絕色影城舉行首映會。

讀報天氣：雨
被遺忘指數：●●

純16影展開演
觀眾重溫紅葉少棒傳奇

【本報訊】由一群年輕人合力舉辦的「純16影展」，將於下週開演。其中，由蕭菊貞導演的《紅葉傳奇》，也將在此次影展中公開放映。

這部影片始於1968年的一則傳奇：一群以石為球、以木棍為棒的山村孩童，竟以7A比0的懸殊比數，擊敗了曾獲世界冠軍的日本和歌山隊。但透過鏡頭，導演蕭菊貞真正想追尋的，並不是這則傳奇的榮耀，而是之後發生的故事。

參加過這場光榮戰役的13名小將，如今已有多人過世。王牌投手江萬行一直未能忘懷棒球夢，然而不順遂的人生加上酗酒，使得他在1991年因肝功能衰竭過世。曾是第4棒的邱德聖，一心想效

▲《紅葉傳奇》一片企圖追尋紅葉少棒隊的過去與現在。

法王貞治，卻與棒球越離越遠，生前最後數年擔任紅葉少棒紀念館管理員。曾有「全壘

打王」美名的江紅輝目前在台中塑膠廠工作，他在紀錄片中提到，不敢跟別人說自己是紅葉少棒的一員。綽號「小諸葛」的邱春光留在家鄉開計程車為業，《紅葉傳奇》的誕生，就是從蕭菊貞在紅葉村與邱春光的偶遇開始。

為何江紅輝不敢說自己是紅葉的一員呢？在他無言的回答中，其實包含有太多原因。1963年林珠鵬校長來到台東的布農族部落──紅葉村，他為了吸引學生上課，決定成立少棒隊。在全村幫助下，紅葉少棒隊開始嶄露頭角，並於1968年達到巔峰。那年5月他們奪得全省學童杯冠軍，接著走訪各地進行友誼賽，連戰皆捷。全國棒球委員會總幹事謝國城眼見紅葉所掀起的風潮，於是邀請實力堅強的日本和歌山隊來訪，期將棒球運動推上高峰。8月25及28日，紅葉兩度擊敗和歌山隊，頓時轟動全台。報紙大篇幅報導，電視也超時轉播。然而，隨後他們便從絢爛的頂顛跌落現實谷底；部分球員被指控謊報年齡、冒名頂替，紅葉國小校長、球隊管理、球隊教練還因而被判刑。而且，國小畢業後的紅葉小將，面臨升學問題，棒球之路始終無法順利發展，而國家也缺乏完整的培訓方法及制度，只是任由他們嘗遍人世間的冷暖艱辛。

1991年12月，紅葉少棒紀念館宣佈啓用，諸多紅葉功臣已然逝世，齊聚一堂的人們懷想起當年，卻有更多感慨之情。紅葉只是一頁傳奇嗎？蕭菊貞與邱春光的偶遇觸動了歷史，鏡頭與紅葉球員間的互動，記錄過往光輝，也讓他們再次審視自己。

江紅輝在看完影片後，訥訥地對蕭菊貞說：「我現在終於敢跟別人說，我是紅葉隊的了。」而觀眾和這個社會，又將如何去審視這段歷史呢？

▲ 位於紅葉國小的紅葉少棒紀念館。開館當日，昔日的球員共聚一堂。

▲ 紅葉少棒隊員離開棒球場之後，生活狀況都不是很好，目前在梨山種水果的徐合源，算是生活比較穩定的一位。

▲ 在極度欠缺經費的情況之下，紅葉國小的小朋友只能就地取材，以木棒練習揮棒、以輪胎練習臂力。　▲ 熱情的觀眾在場邊為紅葉少棒隊加油打氣。

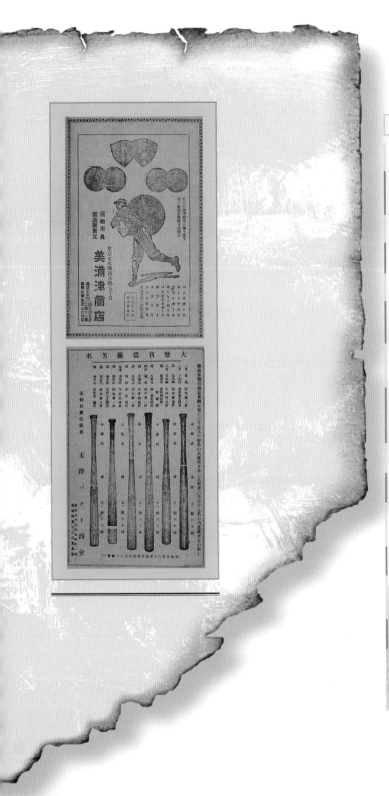

謝國城年表
1912~1980

1912
● 2月20日生於台南。

1920~1934
● 8歲，隨家人遷居東京，先後就讀礫川小學、東京府立第五中學、早稻田大學政經系。

1934
● 入東京時事新報社。

1938
● 因日軍侵華，憤然退出報社，隱居東京。

1946
● 攜眷返台，同年出任台灣大公企業總經理。

1949
● 任職台灣省合作金庫協理。
● 籌組台灣省棒球委員會，擔任常務委員。

1957
● 出任台灣省棒球委員會總幹事。
● 5月成立全國棒球委員會。

1969
● 率金龍少棒隊赴美參加世界少棒賽，榮獲冠軍。
● 於中央民意代表增補選中當選立法委員。

1973
● 中華民國棒球協會成立，膺任理事長。

1980
● 12月29日因心肌梗塞逝世。

1990
● 11月6日長子謝南強成立「謝國城棒球文教基金會」。

【延伸閱讀】
⇨ 王惠民，《紅葉的故事》，1994，民生報。
⇨ 高正源，《東昇的旭日-中華棒球發展史》，1994，民生報。

WTO我不怕，
　台灣水果一級棒！

從中國大陸來台灣弘法的廣欽和尚，
為什麼被稱作「水果師」**？**

1  他成功培植出
很多新品種水果

2  他每天三餐
只吃水果

3  他以水果為比喻
來開導信徒

4  他曾幫農委會
拍水果廣告

2 ^A 他每天三餐只吃水果

36歲時剃度出家的廣欽和尚，在學佛修行的路上，始終是位苦行僧。

一開始他就抱定了「吃人不吃、做人不做」的目標，不但負責寺內各項雜役粗活，

每餐也只以眾人吃剩後掉落在地上的飯粒來果腹。

1947年當廣欽和尚來到台灣以後，除了宣揚佛法，還多次在山中閉關修行，

肚子餓時也只以山中野生水果充飢，有時找不到水果就以山泉水來填腹。

廣欽和尚以刻苦的清修與說法時的字字禪機，贏得了無數信眾的尊敬，

人們也就以「水果師」來稱呼這位可親又可敬的佛門大師。

老實念佛的歡喜僧——
釋廣欽
1892~1986

「水果師」這個稱呼，指的不是卡通人物，而是一位渡海來台的高僧。這位老和尚曾說，他不會禪定、不能教人開悟，他也不覺得自己曾經度化過任何人。問他修行是什麼，他回答

廣欽和尚法像。

「沒有我相」。他是廣欽和尚，出家後以「釋」爲姓，所以也名爲釋廣欽。

釋廣欽1892年出生於福建，俗名黃文來，由於家貧而被賣給李姓農家當養子。11歲那年，養父母相繼過世，他便投靠泉州承天禪寺的瑞芳法師，負責寺廟中的大小粗活賤役。1927年，他正式剃度出家，除了專心念佛，每天清晨還負責打板叫醒其他僧眾。有一次，廣欽因爲睡過頭而延遲5分鐘打板，後來他深深懺悔過失，決定從此不再躺著睡覺，只以打坐的方式休息，也就是俗稱的「不倒單」。

數年後，廣欽開始入山苦修。他只帶著簡便的衣物，到承天寺後山的小山洞坐禪，這一坐就是13年。在山中與野獸相處久了，遂無所懼，於是有猿猴獻果、猛虎皈依等傳說，「伏虎師」之名不脛而走。

13年後，也就是1946年，55歲的廣欽和尚下山弘法。之後，他認爲與台灣的佛教徒有緣，便於戰後的第2年渡海來台。最初他選在新店街後開鑿一間小寺，定名爲「廣明巖」，並於佛寺後方的石壁雕鑿「阿彌陀佛」的大佛像，開啓了台灣雕鑿巨型石佛的風氣。1952年，他離開新店到土城，再度到天然石洞中打坐修行。

爲了供養廣欽和尚，板橋地區一群信徒遂在土城山區買下一塊地，陸續興建大殿、齋堂等設施，並命名爲「承天寺」。廣欽和尚除了在承天寺修行之外，也常應各地信眾的邀請四處弘法。

由於廣欽和尚的修

廣欽和尚圓寂前兩日與眾弟子開示。

行方式十分清苦而特殊，在眾人口耳相傳下，慕名前來請法、皈依的信徒也越來越多。1985年，92歲的廣欽老和尚來到位於高雄六龜的妙通寺（承天寺

94歲高齡時的廣欽老和尚。

的分院）弘法，並舉行傳戒大典。傳戒有什麼特殊的意義呢？傳說在釋迦牟尼佛要圓寂之時，弟子徬徨地請示：「以後我們該以誰為師呢？」釋迦牟尼佛回答說：「應以戒為師」。因此，佛教徒只要遵守佛陀的規矩與教訓，就可以學佛。

　　妙通寺所舉行的傳戒大典，是廣欽老和尚的首次傳戒，吸引了大批前來受戒的信徒。之前由於戰爭末期日本統治者刻意打壓台灣傳統宗教，包括佛教在內的各種宗教儀式和活動皆沈寂已久；此次的傳戒可說是戰後首見的盛況。

　　廣欽和尚渡海來台，在台灣的土地上以他的生命與行事，徐緩地為大眾開示人生；他不多言，讓眾生在暮鼓晨鐘裡自行體會佛理。

發行人：王阿舍　　發行所：遠流舊聞社

舊聞提要

1. 中國廣播公司在中興新村設置的農業專業電台於8月3日開播。
2. 行政院長蔣經國9月17日表示，我國雖具有能力設

佛光山大悲殿於1971年4月11日舉行落成典禮，其他各派有多位法師前來祝賀。圖中前方為佛光山開山宗長星雲，星雲的右後方第1位是真華、第2位是慧峰，左後方為月基。

佛光山寺院的興建是由眾人一肩一擔共同合力完成。

備但絕不製造核子武器。
3. 台灣鐵路管理局10月21日宣佈將完成環島鐵路系統。
4. 高雄佛光山大雄寶殿於11月舉行開工破土典禮。

讀報天氣：晴有雲
被遺忘指數：●

受到日本佛教的影響，日本時代的出家僧眾並不禁止食肉、娶妻。

佛教新勢力興起
大型道場紛紛落成

【本報訊】由星雲法師所創建的大型佛教道場——佛光山，今年年底即將邁入第3期工程，這期工程可說是佛光山最重要的奠基時期，預計將完成大雄寶殿、淨土洞窟、普門中學、萬壽園與佛教文物陳列館等等。

受到1949年國共內戰的影響，不少中國大陸僧人逃往香港、台灣、東南亞等地，其中又以來到台灣的人數最多，星雲法師也是其中的一位。這些大陸來台僧眾不僅改變了台灣自清代、日治時代以來的佛教傳統，也逐漸主導了當代佛教的發展，成為台灣佛教界具有影響力與指標性意義的重要勢力。

佛教自明鄭時期傳入台灣後，在清代以齋教（在家佛教）發展最盛，進入日治時代後，以閩南佛教為主軸的基隆月眉山派、台北五股觀音山派、高雄大崗山派、苗栗法雲

1953年星雲法師至宜蘭雷音寺弘法，會後與信眾合影。

寺派，是當時最有影響力的四大法派。另一方面，受到日本佛教傳入的影響以及日本統治者有計畫的主導，台灣佛教無可避免地走向日本化，在教義認同、信仰儀式以及修行

方法上，都逐漸被日本佛教所同化。

　　戰後，在國民政府刻意扶持之下，以大陸僧侶為主的「中國佛教會」開始致力於台灣本土佛教的改造，加上日本時代延續下來的各派佛教領袖囿於語言隔閡，逐漸失去傳教優勢，中國佛教會遂成功地在台灣奠下基礎。

　　以白聖法師為首的正統派，是戰後初期中國佛教的主流，而另外有一派由太虛法師、印順法師所倡導的人間佛教，則屬於中國佛教中的改革派。人間佛教主張佛教必須生活化、人間化，這與正統派所強調的冥想、玄想、神化有極大差距；星雲法師就深受人間佛教的影響。

　　近來，人間佛教的影響力有逐漸取代正統派的趨勢，除了星雲法師已經在高雄成立道場，甫獲東京立正大學文學博士學位的聖嚴法師、1966年在花蓮成立慈濟功德會的證嚴法師等人，皆傳承了人間佛教的理念，預料人間佛教將是新時代台灣佛教的主流。

五股觀音山派是日本時代台灣佛教最具影響力的四大法派之一。圖為該派下的凌雲禪寺，位於觀音山。

戰後，出家人必須接受三壇大戒的儀式，才會被承認是正式的比丘（和尚）或比丘尼（尼姑）。圖中為「燒戒疤」，以香燃燒頭頂留下痕跡，是傳戒儀式中的重要階段。

由東初法師所創立的北投農禪寺，在東初圓寂後由聖嚴法師接任。圖為農禪寺的「入慈悲門」。

花蓮慈濟功德會所舉辦的佛七法會，參加信眾人數十分眾多。

戰後有不少大陸僧侶來台，印順法師也是其中一位（1953年來台）。印順在佛學研究上有極高的成就，他的《中國禪宗史》與其他相關著作廣泛流傳於台灣佛教界，對於提昇台灣佛教信徒的信仰水準有相當的影響力。圖中坐者為印順，站在印順左手邊者是他的弟子，也就是創立慈濟功德會的證嚴法師。

釋廣欽年表
1892~1986

1892
- 出生於福建惠安，俗姓黃，名文來，自幼賣給李姓農家爲養子。

1902
- 養父母相繼去世後，投靠泉州承天禪寺的瑞芳法師。

1927
- 在泉州承天禪寺剃度出家，法名照敬，字廣欽。

1947
- 從廈門乘船來台，最初在極樂寺、靈泉寺、最勝寺等多處佛寺掛單。

1955
- 板橋信眾在台北縣土城山區購買一地，供養廣欽修行，即今日的承天禪寺所在地。

1971~1974
- 前往南投、台中、嘉義、花蓮等多處弘法。

1985
- 主持護國千佛三壇大戒，前來求戒者多達千人，盛況空前。

1986
- 於農曆正月初五圓寂。

【延伸閱讀】
➪ 承天禪寺編，《一代高僧廣欽上人》，1996，承天禪寺。
➪ 闞正宗，《台灣佛教一百年》，1999，東大圖書公司。

當我們同在一起，
你的未來不是夢！

1 三劍客

2 F4

3 五虎將

4 V6

3 ^A
五虎將

晚年的吳三連。

學生時代的吳三連。

吳三連是戰後第1屆民選的台北市長。3年任期屆滿後，
他回到故鄉台南縣競選第2屆台灣臨時省議會議員，並以第三高票當選。
在省議員任內，吳三連以財經問題作為問政的核心。
在當時議會中逐漸形成派系的政治生態裡，他始終以專業的態度認真問政，
並和李萬居、郭國基、李源棧、郭雨新等人，在議會形成「五虎將」的問政清流。

活躍政商兩界的
新聞人——
吳三連

1899～1988

吳三連競選市長時的宣傳車。

鹹濕的鹽分地帶是孕育吳三連成長的土地。1899年出生的他，從小生長在台南州學甲庄頭港仔（今學甲鎮頭港里）這個可耕地極少的地區，他的鄰居們多以挖池養魚、曬鹽或利用小竹筏出海捕魚為生；而他的父親既無田可耕、也無池可養魚，只得以木匠為業，母親則靠著養豬來維持家用。

家貧，並沒有影響吳三連升學。公學校畢業後，他考進台灣總督府國語學校，之後在板橋林家的林熊徵獎學金的資助下赴日留學，並考入日本東京高商預科，繼又直升東京一橋商科大學。

留日期間，吳三連開始投入民族自治運動。他與其他留日學生在林獻堂等人的領導下，創立「新民會」，從事台灣議會設置請願運動。他們秉持著民族意識與改革熱忱，爭取台灣人的平等參政權。

1925年吳三連大學畢業，進入大阪《每日新聞》擔任經濟記者。4年後，在蔡培火與林獻堂的支持下，他接辦《台灣新民報》的日刊版。1933年他前往東京成立「台灣新民報東京支局」，負責採訪新聞、招攬廣告，並聯繫抗日活動，直到1939年才因為撰寫《台灣米穀政策之檢討》一書，被迫離開新聞工作，轉而從商。

1942年他到中國大陸平津地區經商，3年後日本無條件投降，當時平津地區有不少滯留在當地的台灣軍夫、商人及任職於殖民政府的官員，在吳三連大力奔走之下，他們得以平安返回家鄉。後來吳三連也回到台灣，參加了第1屆國大代表的選舉，由於他長期在海外，在台灣的知名度不高，但是那些曾受過吳三連幫助的人紛紛站出來推薦，最後他以全國最高票當選。之後，他歷任多項官職，包括台灣省政府委員、官派台北市長、第1屆民選台北市長、兩任台灣臨時省議會議員，以及總統府國策顧問等等。

吳三連的一生，政、商、新聞，是他不斷交錯前進的三條路。他在台北市長卸

任後，開始與親友共同創辦事業，同時開始建立豐富的工商人脈

吳三連（右2）在臨時省議會時期，與李萬居（由左至右）、郭雨新、許世賢、郭國基、李源棧並稱為「五龍一鳳」。

網絡。他先後投資的工商事業相當多，台南紡織（1954）與環球水泥（1960）是其中比較著名的。而在新聞的路上，1959年起他代表台南紡織廠加入自立晚報的經營後，擔任發行人近30年，以提供民間文化人與輿論匯集的論述空間為職志。

艱苦出身的吳三連，對於當年獲得林熊徵獎學金的幫助，一直念念不忘，懷著投桃報李的心情，他也致力於社會公益，並主導或資助多所學校的成立，包括天仁工商、延平中學、南台工專。另外，他在80歲生日的隔年，成立了「財團法人吳三連先生文藝獎基金會」，意在獎勵各個領域內有傑出成就並有繼續創造潛力的人。而1979年開辦的鹽分地帶文藝營，以及1988年創辦的《自立早報》，也都有他投注的心血。

為所當為、不多戀棧的個性，使得吳三連在每一個生涯階段中，每每能急流勇退，再轉換至下一個跑道上，另闢更多作為的空間。1988年，吳三連因心臟衰竭病逝，享年90歲。

台灣

發行人：王阿舍　發行所：遠流舊聞社

舊聞提要

1. 台灣省政府於7月15日公佈〈改善民俗辦法〉，凡婚喪節慶，均力求節約不鋪張浪費。

企業龍頭台南幫

【本報訊】於1947年創刊的自立晚報，一向以「能言」、「敢言」著稱，極具言論特色，但在外在環境的限制之下，報社幾乎年年虧損。今年6月，發行人李玉階與台南紡織董事長吳三連簽訂合作協議書，吳三連將成為自立晚報的新任發行人。

據瞭解，李玉階極力爭取吳三連入主自立晚報的原因，應該與吳三連所具備的新聞專業資歷、所屬台南幫的財力背景、個人豐沛的政經人脈以及反對派色彩等條件有極大的關係。

自立晚報創辦之初，台灣剛由國民政府接管，因此能閱讀中文報紙的人口並不多，再加上廣告來源十分有限、報社本身人力不足，導致連年虧損。在財務長年吃緊的情形下，報社經營權多次易手，現階段發行人李玉階是在1951年接下自立晚報。自立晚報在

歷 史 報

2. 熱帶性低氣壓8月7日通過台灣南部，造成62年來最嚴重的水患。
3. 美國軍援考察團於9月5日抵台考察。
4. 台南紡織董事長吳三連接任《自立晚報》發行人。

讀報天氣：晴時多雲
被遺忘指數：●

自立晚報創刊紀念

自立立人

新竹縣長 鄒清之

挽救岌岌可危的自立晚報

▲ 自立晚報的辦公大樓。

▲ 吳三連（右）在報社辦公情景，左為資深報人范爭波。

李玉階的經營之下，致力於新聞自由、人身自由，同時積極針砭時政，而逐漸突顯出民營報紙的特色與風格。

雖然自立晚報的發行量已有所成長，但是報社的財務問題一直未能突破困境，這與政府當局所採取的一連串干預措施有極大的關係，政府一方面制訂各種法規，限制人民的言論自由與出版自由，同時對新聞用紙實施配給政策。在這種惡劣的外在環境之下，公營、黨營報紙，成為當前報業的大宗。這些報紙的背後各有支持的機關，不但可以優先獲得新聞用紙，而且壟斷各級政府公告，收入穩定。相較之下，包括自立晚報在內的各家民營報紙必須時時刻刻面對紙價暴漲、廣告來源沒有著落的窘境。

自立晚報在吳三連與台南幫的加入後，報社的營運狀況有希望能獲得改善，不過自立晚報一向標榜的「無黨無派、獨立經營」立場是否能夠延續，則有待觀察。

▲ 同樣創立於戰後初年的《台灣新生報》與《公論報》，是目前幾家主要的民營報紙之一。

▲《自立晚報》於1947年10月10日創刊。

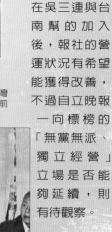

▲ 自立晚報社的新印報機啓用。　▲ 吳三連曾擔任多項公職，其豐沛的政經人脈，可望為《自立晚報》帶來生機。

【延伸閱讀】

➪ 吳三連口述、吳豐山撰記，《吳三連回憶錄》，1991，自立報系。

➪ 高淑媛，〈日治時期的吳三連與抗日運動〉，《台灣風物》44卷4期，1994，台灣風物雜誌社。

➪ 蔡金燕，《吳三連傳》，1997，台灣省文獻委員會。

➪ 林滿秋，〈台南幫第一代開創者侯雨利〉，《產業台灣人》，2001，遠流。

少年ㄟ，一兼二顧，
來修水電兼賣布。

國際牌電器創始人洪建全生平第一次創業
是做什麼生意 **?**

1. 沿街叫賣蚵仔煎

2. 在康定路賣唱片

3. 在中華路賣電鍋

4. 在牯嶺街賣舊書

2^A 在康定路賣唱片

流浪的吉他

1937年，日本在中國發動「盧溝橋事變」，殖民地台灣也開始蒙上戰爭的陰影。
同年，26歲的洪建全在萬華康定路開設了太陽唱片行，
在當時唱片、留聲機不像今日的光碟、音響那麼普及，
不過洪建全已開始經銷由日本進口的唱片以及手搖留聲機。
之後，洪建全繼續在電器業發展，並且創立了大家耳熟能詳的「國際牌」系列產品。

由企業人走向社會人——
洪建全
1913~1986

業務時，已經是當時全台最大的電器材料供應商。

累積了十餘年電器經銷的經驗後，1953年洪建全開始自創品牌「國際牌」，並得到銷售佳績；首批生產的眞空管收音機，銷售量突破1萬台。之後，洪建全的電器事業蒸蒸日上。

「國際牌」所生產的真空管收音機，曾風靡全台。

「企業家的責任不僅在於促進社會經濟繁榮，亦應負起文化傳承的使命」，以經銷電器起家的洪建全，不但用此勉勵後進，他自己也如此地奉行。

洪建全肖像。

1956年，洪建全（左）與日本松下電器會社社長松下幸之助（右）簽訂技術合作協定。

1913年出生於台北縣的洪建全，14歲時打著赤腳從板橋走到台北市，從童工做起。10年後，當他有能力創業時，眼光獨具地投入新興的唱片業。太陽唱片行是他開設的第一家店，之後他又開設南邦電機行，從日本進口收音機的零件和眞空管。1946年，當他在台北市衡陽路成立建隆行從事貿易批發

他將公司改組，成立國際通信機械股份有限公司，並開始與日本松下電器貿易會社合作，雙方合資將「國際通信」改組為「台灣松下電器」，負責製造電器產品，並由洪建全另外成立的「國際通信機器」，來負責銷售雙方的產品。這種產銷分離的經營模式，以當時社會來說，頗具有前瞻性。

1968年，洪建全開始讓第二代加入企業經營，隔年由長子敏隆將負責銷售的公司更名為「國際電化商品股份有限公司」；1976年，四子敏泰自創國人第一個電視品牌「普騰」。

事業成就之餘，洪建全著手實踐他的信念，他說：「企業家必須在公司營運上軌道之後，從『產業人』走向『社會文化

洪建全於1946年成立建隆行，從事貿易批發業務。

人』」，因為「企業的真正價值，不在於企業體如何龐大，而在於企業對社會能有多大的貢獻」。1971年，洪建全教育文化基金會成立。

當時，台灣的讀書資訊十分缺乏，基金會因此發行專業性的文學批評雜誌《書評書目》，作為愛書人的購書指南。其次，有鑑於當時許多家庭都買不起視聽設備，基金會便創辦了台灣第一家視聽圖書館，讓音樂愛好者可以來此享用豐富的音樂館藏、參加音樂會和音樂講座。為了讓台灣的音樂環境更加多元化，基金會還出版民歌及非主流音樂唱片，例如後來帶起校園民歌風潮的楊弦，就是在基金會的支助下出版了中國現代民歌及《鄉愁四韻》等專輯。此外，基金會還透過出版與推動兒童文學獎，在1980年代促使台灣兒童文學的蓬勃發展。

1970年代正是台灣社會面臨轉型的時刻，洪建全教育文化基金會可說是第一個具有清楚文化目標，又以制度化經營的教育文化性組織。在它的帶動下，許多企業紛紛成立基金會，以實際行動來回饋社會。在關鍵的年代，洪建全所成立的基金會，具有深遠的影響。

台灣

發行人：王阿舍　發行所：遠流舊聞社

舊聞提要

1. 立法院7月1日三讀通過「國宅條例」，開始大量興建國民住宅。
2. 颱風小組於8月22日成立，密切注意菲律賓實施改造

民間興設圖書館

【本報訊】由商界聞人洪建全成立的文教基金會，於昨日設立「洪建全視聽圖書館」。這是台灣第一座蒐集中西音樂唱片、錄影帶以及中國音樂家資料與作品的視聽圖書館，加入會員者可以來此欣賞音樂、閱讀相關書籍，館方也將會不定時舉辦相關研討會與演講活動。

台灣私人興設圖書館的風氣可遠溯至清朝時期。清同治年間，中部的大戶人家呂姓家族興建了一座私人宅邸，名為「筱雲山莊」。筱雲山莊不但建築規模可觀，屋內並藏有兩萬多卷古籍，因其藏書數量之龐大與種類的齊備，而被稱譽為台灣第一藏書家。

1888（光緒4）年，呂家在原有的建築物東側興建書齋，命名為「筱雲軒」，用來收藏豐富的藏書。當年落成之時，同為呂家創辦的文英書院之講席吳子光特別題寫了一幅對聯，曰：「筱環老屋三分水，雲護名山

颱風的動態。
3.新醫師法於9月11日公佈。
4.洪建全視聽圖書館9月底成立，為第一座民間視聽圖書館。

讀報天氣：陰有雨
被遺忘指數：●●

▲ 台灣經濟正在起步階段，擁有音響設備的家庭並不多，視聽圖書館的成立適時造福了許多愛樂人。

造福眾多愛書愛樂人

▲ 洪建全視聽圖書館外觀。

▲ 洪建全視聽圖書館開幕當日，前來道賀的各方人士絡繹不絕。

▲ 洪建全視聽圖書館內部陳設。

萬卷書」，充分描繪了書室的景與質。

筱雲軒雖然是個人的藏書室，但是主人並未藏私，反而大方地開放給各地讀書人使用，許多人都曾慕名前來借覽這些珍貴的古籍。因此，地方上都盛讚呂家所興建的文英書院（文英社）及筱雲軒，是促成台灣中部文風鼎盛、人才輩出的最大功臣，像是苗栗的進士丘逢甲、霧峰的舉人林文欽（林獻堂之父）、清水的舉人蔡時超、鹿港的舉人施士洁及呂家的舉人呂賡年，都曾受惠於這兩個私人藏書房。

日治時代，也有熱心的民間人士自行出資設立圖書館，造福大眾，那是由日人石坂庄作在基隆成立的「石坂文庫」。石坂文庫設在一座木造樓房裡，藏有書籍8416冊。石坂文庫開辦之初的經費來源，包括石坂氏任職地方稅調查員的津貼金、石坂氏參與日俄戰爭的慰恤金以及各方面的捐款。為了服務其他地

▲ 石坂文庫建築外觀。

區的讀者，文庫工作人員利用巡迴書庫的方式，提供大眾免費閱覽。

戰後台灣社會經濟急速發展，不但有像洪建全這樣以設立圖書館來回饋社會的企業人士，另外也有窮苦人士以書香回饋社會的，例如拾荒老人王貫英就憑著勞力，收集舊書，整理之後，免費贈送給各學校和各單位圖書館，甚至1974年時還曾送書到海外。他的願望是延續他在廣州辦過的「丐民圖書

館」，並進一步興建學校。

從清代到現今，這些私人圖書館有如智慧的燈火，照亮了每個時代愛書人的心靈。

▲ 位於台中神岡的筱雲山莊，圖為筱雲山莊的門樓。

▲ 筱雲山莊第一進外觀。

▲ 北部板橋林家的汲古書屋與台中筱雲軒、台南海東書院，並稱清代台灣三大藏書所。

洪建全年表
1913~1986

1913
● 9月15日生於今台北縣中和市。

1937
● 在萬華開設太陽堂唱片、南邦電機行。
● 與游勉小姐結婚。

1946
● 在台北衡陽路設立建隆行，經營電機材料，發展國外貿易。

1953
● 正式以「國際牌」的名稱推出產品。

1967
● 當選第2屆中華民國十大企業家。

1971
● 成立洪建全教育文化基金會。

1972
● 創辦書評書目社，出版《書評書目》雜誌。

1974
● 洪建全教育文化基金會設立兒童文學創作獎。

1975
● 洪建全教育文化基金會於博愛路成立「洪建全視聽圖書館」。

1979
● 榮獲美國西太平洋大學企業管理哲學博士。
● 成立洪建全視聽圖書館高雄分館。

1980
● 榮獲美國聖若望大學榮譽商學博士。

1981
● 成立洪建全台中兒童館。

1986
● 因腦溢血過世，享年74歲。

【延伸閱讀】
⇨ 國際關係企業總管理處編印，《洪建全奮鬥史簡介》，1977，國際關係企業總管理處。
⇨ 國際關係企業總管理處編印，《無憾的人生——洪建全先生紀念集》，1986，國際關係企業總管理處。

台灣No. 1，
大家All-in-One！

1 愛拼才會贏

2 百萬人民站出來

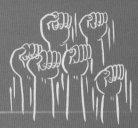

3 中共再大也沒有
我老子大

4 團結力量大

4^A團結力量大

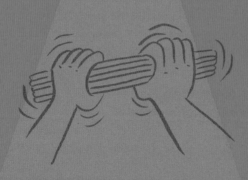

基督教在清末傳入台灣，傳教士們分成南北兩路進入台灣，各自傳教、建立據點。
1864（清同治3）年英國長老教會的馬雅各（James Laidlaw Maxwell）牧師
從打狗（今高雄）登陸。8年後，加拿大長老教會馬偕（George Leslie Mackay）牧師
也抵達淡水，開始傳播基督福音。到了1909（日本明治42）年，
南北兩地教會更進一步以大甲溪為分界線，清楚畫分出各自的傳教區域。
但台南神學院第一任台灣籍院長黃彰輝並不贊同這種形同分裂的局面，
他認為，不論南北都源自同一教會、同一信仰體系。因此大力鼓吹台灣基督長老教會應該
「南北合一」；他說：「United, we stand；devided, we fall.」正是團結力量大之意。

離開台灣22年之後，黃彰輝於1987年再度回到故鄉。圖為黃彰輝（中）參加「台灣宣教研討會」，會後與林宗義博士（右）等人合影。

人物小傳

上帝的使者、
人權的鬥士──
黃彰輝
1914~1988

黃彰輝，1914年出生於彰化，父、祖都是基督長老教會的牧師。在家庭環境的薰陶之下，他從東京帝國大學哲學系畢業後，便決定獻身教會，並負笈英國攻讀神學課程。

黃彰輝出生於彰化，因此被取名為「彰輝」。

1941年他從學校畢業，卻因為二次大戰而無法回鄉。滯留英國期間，他接受英國長老教會的冊封成為牧師，並與英國女子Winifred（中文名黃慰爾）

青年時期的黃彰輝。

結婚。1947年，黃彰輝得悉台灣發生228事件，便毅然決定回台。

回到故鄉後，黃彰輝先在台南的教會中學（今長榮中學）教授聖經與英文。隔年，停辦了8年的台南神學院重新開辦，他先是受聘為教師，進而擔任神學院第一位台灣人院長，當時他才不過35歲。

台南神學院是英籍宣教師巴克禮（Thomas Barclay）在1876年創設的，原本是由長老教會獨力營運校務。1940年，日本政府強制台南神學院必須由日本人出任院長，長老教會遂忍痛將學校關閉，直到二次戰後才復校。復校後的台南神學院可說是百廢待舉，擔任院長的黃彰輝雖然毫無辦校與教育行政方面的經驗，卻盡力將台南神學院從3位專任老師、17名學生的迷你神學院，發展成當時東南亞最具規模的神學院。不但如此，經過16年的經營後，台南神學院還成為一座極具台灣本土意識的學園。根據規定，神學院學生都必須參加以福佬話證道的考試。

黃彰輝對於台灣基督長老教會的貢獻，不僅在於辦好神學教育，他更積極鼓吹基督教南、北部大會「合併」，倡導「合則立，分則崩」（United, We stand; devided, we fall）的團結精神。1951年，台灣基督長老教會終於成立南北大會的合組總會，

黃彰輝為台南神學院第一任台灣人院長,圖為黃彰輝(左2)在神學院新建神學研究所圖書館落成時,與外賓合影。

使得日後長老教會在台灣的宣教事業更具向心力,也更加團結。此後十餘年間,長老教會的教會數與信徒數成長1倍,爲近百年宣教成果的一大突破,也奠定了教會日後在台灣社會中的地位及影響力。

由於黃彰輝與黨外人士交往向來密切,因而受到情治單位的監視,甚至隨時都可能入獄。後來他便在1964年交卸總會議長和神學院長職務,離開台灣到英國擔任世界神學教育基金會副總幹事。雖然人遠在海外,心繫台灣的黃彰輝仍然關心台灣的人權與民主。日後台灣基督長老教會發表「國是聲明」、「台灣基督徒自決運動宣言」以及「美麗島事件」大逮捕、大審判時,他皆在海外多方聲援協助,對海外台灣人運動的啓蒙與整合產生極大的迴響,但也因此被政府列入黑名單,無法回到故鄉。

隨著解嚴與政治風氣的開放,1987年政府解除黑名單,黃彰輝在暌違22年後再度踏上故土。隔年,他即因肺癌病逝於英國。

台灣

發行人:王阿舍 發行所:遠流舊聞社

舊聞提要

1. 內政部長吳伯雄於1月12日宣佈取消一貫道傳教禁令。
2. 教育部於1月12日宣

▲ 成立於1879年的滬尾偕醫館,是台灣北部最早的新式醫院。

▲ 彰化基督教醫院創始人蘭大衛醫生為病人開刀的情景。

佈開放髮禁。

3. 素人畫家洪通2月23日病逝。

4. 陳永興、鄭南榕等民間人士在2月28日發起「228和平日運動」。

讀報天氣：陰雨
被遺忘指數：●

▲ 台灣基督長老教會為了表達對軍人干政的抗議，而走上街頭遊行。

外來宗教本土生根
基督長老教會關懷社會不遺餘力

【本報訊】發生於1947年的228事件，一直以來都因政府的刻意抹滅而為社會大眾忽略，直到今年2月，在陳永興、鄭南榕等人的倡議以及台灣基督長老教會的全力支持下，才有了「228和平日運動」的發起。其中，台灣基督長老教會以宗教團體的身分投入，特別引人注目。

台灣基督長老教會所表現出社會改革實踐者的鮮明色彩，可說是受到傳統信仰與後起之激進神學的雙重影響，而產生改革社會、追求公義的精神與使命。早期台灣基督長老教會透過提供醫療服務與社會救助等等途徑，進行宣教，他們除了分別在台灣北中南三地設置馬偕醫院、彰化基督教醫院、台南新樓醫院之外，今日多所民間社福機構包括「生命線」、「兒童福利基金會」、「家扶

▲ 2月28日當天在台大文學院有一場追思會，追悼不幸於228事件中喪生的文學院院長林茂生。

中心」、「婦女展業中心」、「海員／漁民關懷中心」等，也都是由教會所創辦或實際執行。1980年代之後，隨著政治社會環境的轉變，教會也轉向以積極的社會行動，去支持弱勢族群爭取他們應有的權益。甚至，長老教會還針對政治亂象提出批判，對於懸而未決的台灣主權問題，明確表達立場。

自1865年馬雅各牧師到台南傳道及1872年馬偕在北部傳道開始，台灣基督長老教會在台灣傳教的歷史，至今已有1百餘年。教會在台灣宣教初期，就秉持社會關懷的精神，不僅以醫療救助來配合傳道，同時也關懷社會弱勢階層，像是為當時無社會地位的女子興辦專門學校、引進點字書來教育盲人等種種措施，可說是開啟特殊教育與社會服務工作的先河。

為了順利宣揚福音，教會從清代發展至戰後初期，始終與當政者保持著良好的關係。然而，戰後台灣逐漸形成一股特殊的政治社會環境，連帶使得教會活動受到無理的壓制，因此教會開始反省過去面對政府與社會的態度。1971年教會發表了「國是聲明」，聲明中主張中央民意代表應該全面改選，並認為台灣人民有權決定台灣前途。這份宣言開啟了教會堅持「住民自決」的信仰理念。

為了廣為宣傳，1972年，曾任台南神學院院長的黃彰輝還聯合其他的海外教會領導人，發起「台灣人民自決運動」。這一連串的聲明與社會運動，雖不見容於當時的政治當局，卻清楚地指出教會未來的努力方向。

▲台灣基督長老教會南部教會的圖記。

▲台灣基督長老教會的標誌，「1865」意指最早來台的宣教師馬雅各抵台的那一年，「焚而不燬」可以解讀為教會對自身的期許。

▲為了捍衛人權自由，台灣基督長老教會多次與執政當局正面衝突。

▲為了抗議台南市政府侵入台灣教會公報社查扣1825期公報，教會人士手執抗議牌走上街頭抗議。

1914
●8月20日出生於彰化。

1944
●與英國人黃慰爾女士結婚。

1947
●從英國回到台灣，在教會中學（今長榮中學）
　教授聖經與英文。

1949
●擔任台南神學院院長。

1965
●主辦「基督教來台宣教百周年」紀念大會。
●至英國擔任世界神學教育基金會副總幹事。

1972
●在美國華府發起「台灣人民自決運動」，並發
　表宣言。

1979~1980
●美麗島事件、林義雄滅門血案發生時，透過國
　際特赦組織、普世教協、世界神學基金會等，
　向政治受難者及家屬伸出援手。

1987
●黑名單解除後首次回台。
●接受台南神學院頒發的榮譽神學博士學位。

1988
●病逝英國。

【延伸閱讀】
↪ 黃伯和，〈為心靈找故鄉的旅人——黃彰輝牧師〉，《20世
　紀台灣歷史與人物學術研討會》，2001，國史館。
↪ 陳銘城，〈人權牧師、自決先知——黃彰輝〉，《島國顯影》
　三，1997，創意力文化。
↪ 張嘉驊、李懷等，《正港台灣人》，2000，遠流。

你的一票投阿發，
保證樂透一六八！

1 在縣政府前
舉辦飆舞大會

2 率領各級員工
沿路撿垃圾

3 換上運動褲
跑馬拉松

4 打開縣長室大門
接見民眾

4^A 打開縣長室大門 接見民眾

縣長辦公室

1960 年，余登發當選第一任非國民黨籍的民選高雄縣長。

上任後他為了貫徹親民便民的主張，於是敞開原本門禁森嚴的縣長室大門，

親自接待上門求助的縣民，絕不假手秘書或工友。

不論是西裝筆挺的上班族或是穿汗衫戴斗笠的農夫，都可以自由進出縣長辦公室。

為了延長服務縣民的時間，余縣長甚至開放自己的宿舍。

他說：「來訪者所商討的如果是公事，只要合乎情理法者，定然給予迅速辦理。

如果是私事，也於個人能力範圍內所能做到的盡力加以幫助。」

一時之間，這位黨外縣長的親民作風迅速傳遍全縣。

高雄人永遠的
老縣長——

余登發
1904~1989

余登發（右）在戰後台灣的
民主運動史上，占有重要的
地位。

余登發肖像。

余登發，這位高雄人口中的「老縣長」，1904年生於高雄後勁（位於高雄市楠梓區）。他11歲時才開始上小學，6年後考入台灣總督府商業專門學校就讀。畢業後，任職岡山郡役所工商課，後來轉任高雄州勸業課，不久又辭職去當保險員，但後來因為業績太差，領不到薪水，待了4個月便離開。

1929年，余登發考取司法代書，1935年當選楠梓庄協議會議員，開始他的從政之路。1937年，日本發動戰爭，台灣有許多年輕人也被抓去當軍伕，農村少了勞動力，土地價格一落千丈。余登發深知戰爭只是一時的，於是向日本勸業銀行長期低利貸款，大量買進土地。戰後，土地價格回穩，余登發瞬間成為大地主。這些土地後來成為他競選的最大本錢，但同時也成為阻撓他擔任公職的最大絆腳石。

1945年，戰爭結束，余登發受到鄉民推舉，成為第一任橋頭里長，他自掏腰包裝設電線桿、路燈，因而頗受居民愛戴；當橋頭改制成鄉後，他又被選為鄉長，政治前途一片看好。

到了1947年，余登發當選第1屆國民大會代表，並加入國民黨。一趟國民大會南京之行，他眼見國大選舉正、副總統舞弊嚴重，因而對國民黨感到灰心。此後，他便刻意與國民黨保持距離。

兩年後，他參加高雄農田水利會主委選舉並順利當選。任職期間，他亟力杜絕公共工程發包拿回扣歪風，並以良好的政績累積了不少人脈，不但為日後參選高雄縣長奠定了基礎，也讓高雄原本只有紅、白兩派的政治版圖發生變化。日後影響高雄政壇深遠的「黑派」，就在余登發的領導下崛起。

1960年，余登發當選第4屆高雄縣長。由於他勇於向貪污對抗，得罪不少人。3年後，他就因為過去曾大舉購買土地，被人以「地目變更」一案彈劾，而失去縣長寶

座。後來余登發官司纏身，政府又規定縣市長選舉候選人年齡不得超過60歲，自此他再也沒有出來競選。

不過他仍將希望放在他的親人身上，包括兒子、媳婦、女婿、女兒甚至孫子、孫女，都陸續加入政壇。高雄「余」家自此成為南台灣一股不可輕忽的政治勢力。

儘管不認同國民黨，但余登發從未與國民黨正面對抗。直到1970年後，隨著中央民代與地方公職人員開放選舉以後，台灣出現了一批「黨外」異議分子，如康寧祥、黃信介、許信良等人。這股在野勢力伸展觸角，不久便與南台灣的余家相結合，余登發還被推選為黨外助選團團長。當然，這也為余登發埋下禍因。不久，他就因「涉嫌吳泰安匪諜案」，被捕入獄。這年1979年，他已是75歲的老人了。幸而一年後他就以「保外就醫」的名義出獄。

1989年，當余登發的媳婦余陳月瑛正在角逐蟬連第11屆高雄縣長時，余登發竟被人發現陳屍家中。檢警雙方調查後宣佈這是一起意外死亡案件，不過余家始終認為這是一起政治謀殺，對檢調結果「不滿意也不接受」。這一宗案件至今成謎。

余登發85年的一生，就如同一部台灣地方政治變遷史，充滿高潮迭起的戲劇情節。

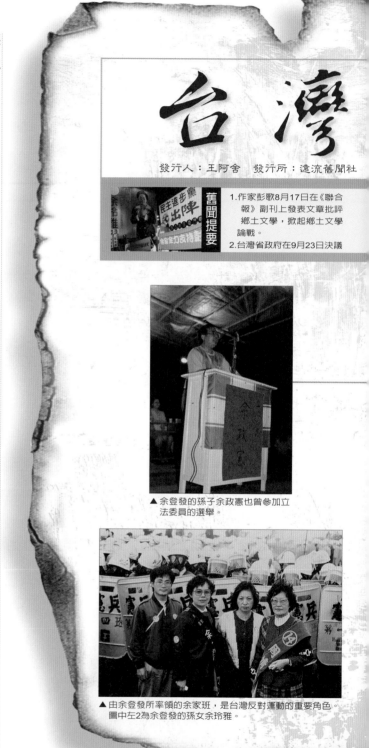

台灣

發行人：王阿舍　發行所：遠流舊聞社

舊聞提要

1.作家彭歌8月17日在《聯合報》副刊上發表文章批評鄉土文學，掀起鄉土文學論戰。

2.台灣省政府在9月23日決議

▲ 余登發的孫子余政憲也曾參加立法委員的選舉。

▲ 由余登發所率領的余家班，是台灣反對運動的重要角色。圖中左2為余登發的孫女余玲雅。

在每一縣市設立文化中心。
3. 財政部次長杜均衡於10月4日發表聲明，政府絕不會發行百元以上大鈔。
4. 地方公職人員選舉於11月19日舉行。

讀報天氣：陰雨
被遺忘指數：●

地方選舉結果揭曉
黑派勢力二度進駐高雄縣政府

【本報訊】本屆地方選舉結果揭曉，高雄縣長寶座由前縣長余登發的女婿黃友仁當選，這是黑派勢力第二度進駐高雄縣政府。另外，余登發的媳婦余陳月瑛也第4度連任省議員。

眾所周知，高雄縣的地方派系以紅、白、黑為主。一開始，紅、白各以岡山、旗山為大本營，但逐漸地，兩派勢力擴及全縣，為了爭取利益，彼此鬥爭，甚至左右高雄縣政。1957年第3屆縣長選舉時，國民黨為了擺平紅白之爭，同時順應鳳山人希望輪到鳳山人當縣長的呼聲，於是提名派系色彩不明顯的鳳山商人陳皆興。但因為陳皆興的形象不強，又不是土生土長的鳳山人，於是地方人士就拱余登發出來競選，但後來仍以數票之差落選。

▲ 余登發領導家族三代參與近數十場的選戰，當選率在8成以上，創造了台灣第一個政治家族。圖中身穿白上衣藍色西裝褲為余登發，余的右邊為孫女余玲雅、孫子余政憲（左3）。

3年後余登發捲土重來，不但如願當上縣長，還改變了高雄縣的政治生態。余登發代表的黑派，開始浮出檯面，此後高雄縣形成三派、三山（岡山、旗山、鳳山）鼎立的局面。不同於紅、白兩派皆屬於國民黨的地方山頭，以余登發為首的黑派集合了高雄縣的異議人士，並自然形成反國民黨的勢力。

回顧台灣地方派系的發展歷史，與1945年日本戰敗、國民黨政府來台有很大的關係。當時國民黨政府與台灣社會之間，不論在歷史發展、文化或經濟等各層面，都存在著嚴重的斷層。因此，政府刻意培植一些曾在大陸發展事業的台灣籍菁英，來擔任中央與地方的溝通橋梁，而這批人不久便發展出自己的派系，也就是俗稱的「半山派」。半山派的興起，刺激了台灣本土政治菁英的凝聚意識，而有「台中派」與「阿海派」的出現。這三大派系時而互相鬥爭，時而合縱連橫，甚至往上與國民政府的中央派系連結、向下扶植縣市級的地方派系，以厚實自己的基層。高雄縣紅白兩派的創始人，就是半山派的謝東閔在高雄縣長任內所培植。

後來，半山派等三大派系逐漸從政治舞台上消失，但三大派系所培植的地方勢力並未隨之萎縮；由於國民黨政府仍舊需要本土勢力的支持，在地方選舉上必須仰賴這些地方派系的動員，因此地方派系的勢力不弱反強，全省21個縣市幾乎每一縣市都有至少兩個以上的派系存在。

以余登發為首的余家班，在大家長余登發的敦促之下，前仆後繼地投入歷屆選戰：余登發的獨子余瑞言曾兩次參選，雖未當選，但他的媳婦余陳月瑛卻從第3屆起，連任

4屆省議員，而女婿黃友仁更當選本屆高雄縣長。在歷屆的選戰洗禮之下，余家黑派也逐漸在台灣政壇占有重要的一席之地。

▲ 余登發的媳婦余陳月瑛與孫女余玲雅皆蟬聯當選數屆省議員。圖中披掛著彩帶的分別是余玲雅（右）、余陳月瑛；另外，田宏茂（左2）、陳明通（左4）為帶領外國人觀察台灣地方選舉的大學教授。

▲ 反對色彩鮮明的余家班，與民進黨成為最佳盟友。

▲ 人稱高雄黑派的余家班在台灣政壇逐漸形成一股不容小覷的政治勢力。左1為余政道、左3余玲雅、右4余政憲，右3、右5分別是民進黨員謝長廷、林義雄。

余登發年表
1904~1989

1904
● 出生於高雄後勁。

1914
● 進入楠梓坑公學校就讀。

1929
● 遷至橋仔頭（今高雄縣橋頭鄉），執業土地代書。

1935
● 當選高雄州楠梓庄協議會議員。

1945
● 當選岡山鎮橋頭里里長。

1947
● 橋頭鄉成立，當選第1屆橋頭鄉鄉長。
● 當選第1屆國大代表。

1948
● 捐水田4公頃，做為高雄縣育嬰會基金。

1951
● 支持國民政府的土地改革政策。

1960
● 當選第4屆高雄縣長，建立「黑派」。

1963
● 涉嫌「八卦寮地目變更案」及「萬金松丁壩工程案」兩疑案，被省府下令停職。

1979
● 涉嫌叛亂，與其子余瑞言雙雙被捕，黨外人士為余氏父子在橋頭示威。
● 以「知匪不報、為匪宣傳」等罪，被判刑8年。

1986
● 率民進黨員至機場迎接流亡海外的許信良。

1989
● 9月13日被發現倒在臥室中身亡。

【延伸閱讀】
⇨ 余陳月瑛，《余陳月瑛回憶錄》，1996，時報。
⇨ 陳明通，《派系政治與台灣政治變遷》，1995，月旦。

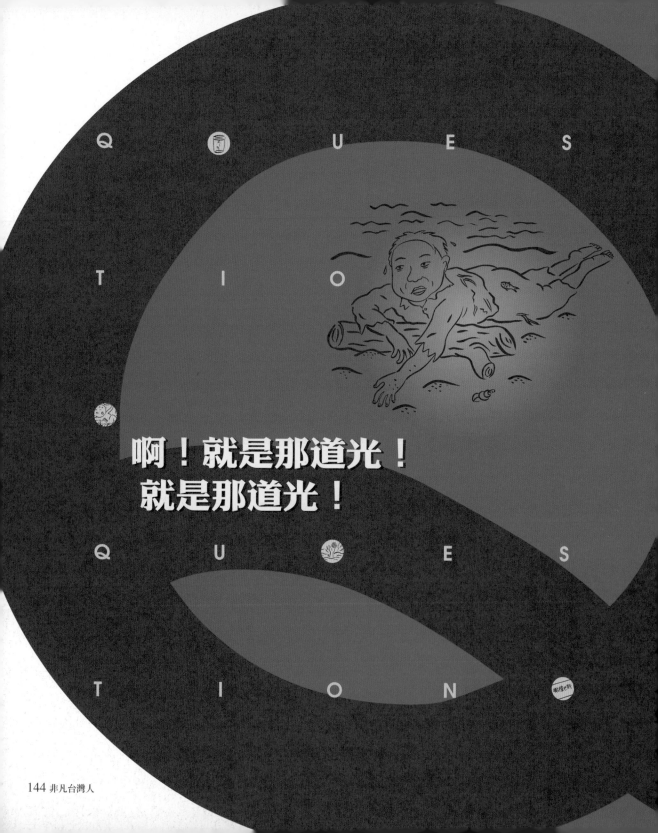

啊！就是那道光！
就是那道光！

1 服用香灰
治好骨刺

2 媽祖托夢
生下獨生子

3 遭遇船難
奇蹟生還

4 王爺保佑
撒隆巴斯大賣

3 A
遭遇船難
奇蹟生還

　　二次大戰後，前往中國大陸經營西藥生意的施合鄭，從香港乘船到廈門途中，
不幸遭到船難，全船120個乘客大部分不幸罹難，施合鄭則是少數的倖存者之一。
施合鄭對於民間信仰活動原本就十分熱衷，他不但虔誠奉祀西秦王爺，
並且長期在大稻埕霞海城隍廟會中出錢出力。
經過這次意外事件後，更加堅定施合鄭祀神的心意。

民俗曲藝的 推廣者── 施合鄭

1914~1991

施合鄭（右2）等人在靈安社館舍前合影。

施合鄭肖像。

從擔任子弟戲班的成員，到帶領台北靈安社持續參與民間廟會活動，最後成立基金會並出版民俗類學術刊物，施合鄭這一路走來不斷轉換自己的角色，但始終是一個熱心推廣民俗曲藝的北管子弟。

1914年，施合鄭出生於台北市大稻埕，父親是擅長修復布袋戲偶的鄭泮水，也是靈安社的子弟。施合鄭從小就隨父親參與霞海城隍廟與北管子弟團靈安社的各項民俗廟會活動，他在耳濡目染下，早就以加入靈安社為榮。「當時大稻埕的人對於參加靈安社都感到很神氣，我從小看到子弟在迎神熱鬧場合表演就非常羨慕，所以17歲那年也參加子弟團學樂器了」。

1939年結婚之後，施合鄭便奉父命前往中國大陸經營西藥生意，並於1941年在廈門創設「德和藥房」。回到台灣後的第2年，也就是1950年，他所經營的西藥生意獲得極大的拓展，並取得日本「撒隆巴斯」相關產品的台灣總代理權。隨著事業不斷地發展，後來他也設立了自己的製藥公司，生產撒隆巴斯等藥品。

同年（1950年），靈安社改組，36歲的施合鄭經由擲筊的方式，獲選為新任社長。之後他全心全意投入社務之中，並要求靈安社子弟必須確實維持子弟的傳統：自己花錢來表演，而不是以表演來賺錢。

1976年，由戲劇學者邱坤良所帶領的中國文化學院（今文化大學）地方戲劇研究社的一群學生，開始參與靈

1951年靈安社成員在戲台前合影，前排中坐者為施合鄭。

安社的子弟學習，施合鄭不僅為他們聘請老師，還出錢出力支持他們進行子弟戲的公演。繼而，1980年，在邱坤良的鼓勵之下，施合鄭決

1970年適逢霞海城隍暨范謝將軍開光100周年，城隍廟舉行祈安清醮。靈安社成員在醮壇前合影。

定成立「施合鄭民俗文化基金會」，來推廣民俗戲曲的活動；同年11月，施合鄭將文化學院地方戲劇研究社的報紙型刊物《民俗曲藝》改為雜誌刊物出版。

另一方面，文建會所委託的「民間劇場」自1982年至1985年均為施合鄭民俗文化基金會所承辦，民眾得以在戲曲演出現場自由參與及學習。基金會並多次舉辦「傀儡藝術研習會」，讓中小學美術老師和大專青年學習傀儡戲的操演和製作。

施合鄭過世（1991）後，基金會自1994年起開始出版民俗曲藝方面的叢書，內容包括調查報告、資料彙編、專書和研究論文集等，以此紀念一生致力於民俗曲藝的施合鄭。

台灣

發行人：王阿舍　發行所：遠流舊聞社

舊聞提要

1. 高雄市於1月6日舉行過港隧道完工典禮。
2. 教育部於5月9日公佈「強迫入學施行細則」。

▲ 民間劇場採取戶外表演的方式，讓現代人回味早年的野台戲趣味。

▲ 每年農曆5月初6為清水祖師誕辰，當天並舉行遶境活動，參與遶境的陣頭皆使出渾身解數，娛神也娛人。圖為淡水清水祖師的遶境實況。

3. 瑞芳煤礦在7月10日發生災變，102人死亡
   22人受傷。
4. 行政院文建會主辦的第3屆民間劇場於9月
   7日正式開幕。

讀報天氣：晴時多雲
被遺忘指數：●

廣場奏技、百藝競陳
民間劇場展現民藝風華

【本報訊】從今天晚上起一連4天，第3屆國家文藝季的「民間劇場」將在台北市青年公園盛大舉行。這項由行政院文建會籌畫主辦、施合鄭民俗文化基金會策畫執行的活動，從1982年起至今已連續舉辦第3年，今年不僅內容更加豐富、更有系統之外，前輩藝師和年輕藝人的攜手合作，也將是一大話題。

首屆的民間劇場是由施合鄭民俗文化基金會的總幹事邱坤良所籌畫。當初的規畫構想，是希望藉此保存目前現有的民間曲藝與技藝活動，使其得以生存於現代社會中並繼續流傳下去。表演的舞台背景，特別請專家細密設計與規畫，並使用優良的音響設備，讓參與的民眾得以自由、輕鬆地欣賞民間藝人精采的表演，享受一個活生生的民間藝術活動。

▲ 醒獅團通常附屬於武術館或國術館，這類陣頭通常以難度較高的表演方式來凸顯他們的技藝高超。

說到台灣的民間戲曲與技藝，與傳統農業社會的生活習俗，有著密不可分的關係。每逢神明誕辰遶境或廟宇做醮，地方上會共同出錢籌辦各項表演活動，如布袋戲、歌仔戲等地方曲藝以及車鼓陣、獅陣等陣頭表演等。這些表演，既可以酬神，又可以娛樂自己。另外，因廟會和表演而聚集來的各項手工藝與地方小吃，也促進了商業與當地社交活動。在這樣的年度盛會中，人們得以暫時放下手邊的工作，盡情觀賞精采熱鬧、滑稽逗趣的表演；對於傳統農業社會而言，這是老百姓最主要的休閒活動。

　　然而，隨著工商業興起與聚落都市化的趨勢，人們的休閒娛樂型態有了很大的轉變，現代的聲光娛樂如電視、電影大舉進入人們的生活，傳統的節慶表演在現代浪潮的衝擊之下，若不是逐漸消失，就是加入流行歌舞的表演。

　　因此，「民間劇場」的創辦原意，一方面是為了維護傳統的民俗技藝，另一方面則是希望給已經逐漸脫離這些傳統民藝的現代人，有一個重新體認民間傳統文化的機會。

▲ 盛行於台南地區的「12婆姐陣」，相傳具有護佑家宅平安與收驚護嬰的宗教功能。

▲ 台北大稻埕的霞海城隍祭典是一年一度的地方盛事，所有陣頭遊行至城隍廟前時，都必須進行「拜廟」的儀式。

▲ 遶境遊行的陣頭行列裡，家將團以色彩斑斕的臉譜、華麗的服飾、神秘的氣氛而獨樹一格。

▲ 每年農曆3月14日是保生大帝誕辰，圖為台北大龍峒保安宮所舉辦的遶境活動盛況。

施合鄭年表
1914~1991

1914
●12月8日出生於台北大稻埕。

1930
●加入「靈安社」。

1939
●與謝阿菊結婚，婚後前往大陸經營西藥生意。

1950
●以擲筊的方式獲選為靈安社社長。

1968
●被推舉為民間遊藝協會理事長，前後共7年。

1980
●成立財團法人施合鄭民俗文化基金會，並致力
　於《民俗曲藝》叢刊的出版。

1982
●基金會承辦文建會委託之「民間劇場」活動，
　持續4年。

1991
●逝世，享年78歲。

【延伸閱讀】
✑ 邱坤良，《現代社會的民俗曲藝》，1983，遠流。
✑ 吳亞梅等，〈靈安社118年專輯〉，《民俗曲藝》47期，
　　1987，施合鄭民俗文化基金會。
✑ 蕭惠卿等編，《民俗曲藝：行政院文建會文藝季民間劇
　　場》，1976，施合鄭民俗文化基金會。

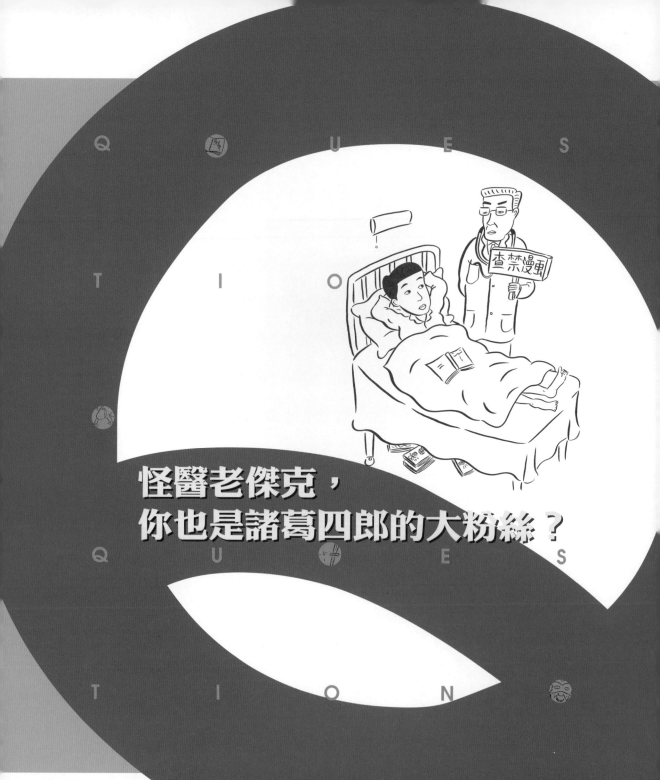

怪醫老傑克，
你也是諸葛四郎的大粉絲？

1 偶像，幫我簽名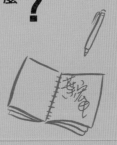

2 恩公，請受我一拜

3 諸葛四郎搶到
那支寶劍了沒？

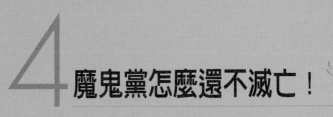

4 魔鬼黨怎麼還不滅亡！

2 ^A 恩公，
請受我一拜

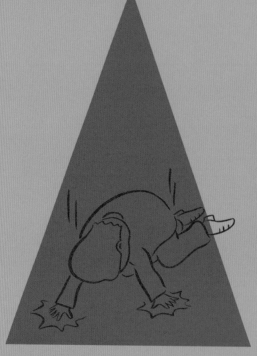

1958年葉宏甲創造出《諸葛四郎》這一系列武俠漫畫後，
主角諸葛四郎與真平隨即風靡台灣大小讀者。
漫畫內容傳達出正義、勇敢、不屈不撓的精神，當時造成一股崇拜諸葛四郎的旋風。
後來葉宏甲因意外摔倒中風，從此半身不遂近20年。在他住院接受治療時，
他的主治醫師一看到「葉宏甲」這個名字，立刻問：「閣下可是諸葛四郎的爹？」
原來，這位醫師在就讀醫學院時，因為課業壓力過大，曾經起了自殺的念頭，
直到看見諸葛四郎奮鬥不懈的精神後，才振作起來。
這位醫師同時也鼓勵葉宏甲要和諸葛四郎一樣，早日復原，繼續創作漫畫。

諸葛四郎風潮的創造者——葉宏甲

1924~1990

一說到組團，多半會想到抱吉他彈唱的年輕小伙子。1940年左右，就有5個小伙子，以理想和熱情合組了一個團體，不過他們手上拿的不是樂器，而是畫筆；他們不是以歌聲來抒發少年夢想，而是用漫

1940年代初期的「新高漫畫集團」成員，右2為葉宏甲。

青年時期的葉宏甲（右1）與友人合影。

畫來表達對社會的觀察與批判，這個團體就是「新高漫畫集團」。日後創造出「諸葛四郎」這位超級英雄偶像的葉宏甲，正是「新高」的成員之一。

葉宏甲加入「新高」時還是新竹中學高等科的學生。畢業後，他到新竹市政府擔任事務員，同時參加日本私立川流美術

學校函授課程。二次戰後，爲了迎接新時局的到來，葉宏甲與其他「新高」成員參與大眾性綜合文化雜誌《新新》的編輯與發行工作，除此之外，他也經常在上面發表反映時事的諷刺漫畫。

葉宏甲最著名作品——「諸葛四郎」系列。

原本只在新竹發行的《新新》，在4、5期合刊出版後，決定北上擴大發展，負責編務的葉宏甲也隨之在1946年來到台北，不料隔年受到228事件的波及，在獄中待了10個月，出獄後他開設了一間美術設計事務所，爲雜誌社畫插畫。

雖然有種種生活上的壓力，葉宏甲對於漫畫的熱情並未稍減。他曾試圖投稿到《學友》雜誌，卻未受重視。不過，1956年他應大華文化社之邀，推出首部漫畫集《台灣民間故事》，故事內容擷取「盲劍客」、「忍者」等流行武俠電影元素，創造出獨特的漫畫風格。

1958年《漫畫大王》雜誌創刊，葉宏甲成爲連載作家中唯一的本土漫畫家。第3期開始，他自

在葉宏甲生動的描寫下，諸葛四郎與真平成爲1950、60年代家喻戶曉的人物。

諸葛四郎漫畫內頁的精采內容。

編自畫的武俠漫畫《諸葛四郎》陸續推出，包括〈大戰魔鬼黨〉、〈大鬥雙假面〉等單元。主角諸葛四郎與眞平以凜然正氣，和笑鐵面、哭鐵面鬥智鬥力、鏟奸除惡的驚險故事，頓時風靡全台。1963年《台灣漫畫週刊》（即原先的《漫畫大王》）停刊，不過葉宏甲仍繼續創作《諸葛四郎》單行本，並在《少年世界》、《少年週刊》等雜誌上連載。

1965年，諸葛四郎的故事終於落幕，葉宏甲自組出版社，並開班授徒，他和學生的作品累積將近300冊。不過，1967年「編印連環圖畫輔導辦法」開始實施，本土漫畫家的創作空間大受限制，加上漫畫市場萎縮，1973年出版社終告解散。

1975年，葉宏甲因車禍引發腦溢血。返家復健期間，他開始整理舊作，而有《諸葛四郎》全集的問世。同時期他仍繼續創作《小柳丁全家福》，但報社編輯卻以不符社會潮流，將其退稿。1990年4月22日，他終因二度腦溢血病逝家中。

雖然葉宏甲的全盛時期僅僅10年，然而諸葛四郎不但是台灣第一個漫畫英雄偶像，也是許多人的共同記憶。

台灣

發行人：王阿舍　發行所：遠流舊聞社

舊聞提要

1.台灣前輩畫家陳進3月27日過世。
2.台鐵西部幹線38列普通車5月25日全面停駛。

▲漫畫圖書館開幕當日，台北市長陳水扁應邀致詞。

▲陳水扁市長欣賞小朋友的漫畫塗鴉作品。

歷 史 報

1998年7月24日　穿越時空　獨漏舊聞

3. 資深媒體人徐璐6月26日出版《暗夜倖存者》，陳述遭搶劫強暴的心路歷程。

4. 首座以漫畫為收藏的台北市立圖書館中崙分館於7月24日開館。

讀報天氣：晴有雲

被遺忘指數：●

▲ 漫畫家陳海虹的代表作──《小俠龍捲風》。

首間漫畫圖書館今日開幕
特設本土漫畫專區

【本報訊】座落於台北市長安東路二段的市立圖書館中崙分館，是國內首座以漫畫為特藏的圖書館，漫畫藏書估計有1萬5千冊左右。館內除了收有日本暢銷漫畫，如《千面女郎》、《名偵探柯南》等之外，也收藏了台灣早期漫畫家的作品，如葉宏甲的《諸葛四郎》全集等。此外，還有各種參考工具書、剪輯資料、視聽資料、漫畫期刊以及漫畫家手稿等豐富而珍貴的資料。

年輕一代的漫畫迷，或許對以日本明治初期流浪劍士為主角的《神劍闖江湖》著迷不已，不過，如果詢問50歲世代的資深漫畫迷，相信他們會認為諸葛四郎與真平才是心目中的英雄。中崙分館所收藏的《諸葛四郎全集》，絕對可以讓老一輩的書迷再度回味蹲在巷口街角看漫畫的童年時光。

▲ 漫畫圖書館收藏不少早年的漫畫書，是資深的漫畫迷回味童年的好去處。

1950年代後期，台灣本土漫畫創作配合漫畫周刊的流行而進入風起雲湧的草創期，除了在《漫畫大王》所連載的「諸葛四郎」系列之外，陳海虹刊登於《模範少年》的「小俠龍捲風」，也是膾炙人口的武俠名作。此外，還有創造出鳳眼美人風格的陳定國，也發表過多篇以民間戲曲故事為題材的畫作如《孟麗君》等，他的畫工精細，服飾亦相當考究，受歡迎程度不亞於現今的少女漫畫。至於創作最勤的劉興欽，以《阿三哥與大嬸婆》等作品，將台灣從農業社會轉型到工商社會的親身經歷，透過漫畫傳遞出泥土味及幽默感。

1960年代單行本漫畫開始流行，大批漫畫新人湧向出版社及漫畫家工作室，例如葉宏甲門下就有20多名弟子。他們大多從畫框線、填黑色塊或修飾畫面等工作開始，並從描稿及臨摹當中摸索漫畫技法。不過，年輕一輩的創作才剛萌芽，便因政府「連環圖畫輔導辦法」的實施而斷絕。種種不合理且刁難的審查意見，不但嚴重扼殺創作的空間，更逐漸消滅本土漫畫市場的生機，不少漫畫家因而轉行甚至封筆。至於1967年以前未送審的作品，也全數被沒收、銷毀。這對於台灣漫畫而言，實在是無異於焚書的大浩劫。

這樣的歷史背景或許可以解釋，為什麼台灣首座漫畫圖書館卻以日本漫畫的收藏為主，而台灣早期漫畫名作，多半只能留在老一輩漫畫迷的回憶中。不過，以往被視作「教壞小孩」的元兇而受到社會全面打壓的漫畫，終於獲得正面肯定。如今出現這座將漫畫視為歷史資產及典藏書籍的漫畫圖書館，也可說是一個劃時代的突破了。

▲漫畫家陳定國偏好以女性題材做為創作的主題，他筆下的女性多以鳳眼美女的造型出現。

▲陳定國的《三藏取經》是台灣第一部兒童長篇漫畫。

▲漫畫家劉興欽的作品《阿三哥大嬸婆遊寶島》系列，以詼諧的方式記錄了1960年代的台灣社會。

▲嚴肅的「國民生活須知」在劉興欽的筆下變成一幅幅輕鬆有趣的漫畫。

葉宏甲年表
1924~1990

1924
●6月8日生於新竹南門。

1940
●就讀新竹中學高等科期間,與陳家鵬、王花(超光)、洪晁明(朝明)、林世河共組「新高漫畫集團」。

1942
●與「新高」同仁參加日本私立川流美術學校函授課程。

1945
●與「新高」同仁參與《新新》創刊,負責編務。

1946
●至台北發行《新新》,同年在農復會擔任美術設計。

1947
●受228事件波及,入獄10個月,出獄後開設美術設計事務所。

1956
●推出首部漫畫集《台灣民間故事》。

1958
●《漫畫大王》週刊創刊,之後推出「諸葛四郎」系列,引發熱潮。

1962
●諸葛四郎故事拍成電影。

1965
●諸葛四郎故事完結,自組宏甲出版社,並開班授徒。

1973
●出版《小柳丁全家福》後,出版社解散。

1975
●因車禍引發腦溢血住院。

1979
●出版《諸葛四郎》全集,共9部55冊。

1985
●華視播出以真人演出的諸葛四郎連續劇。

1990
●4月22日因二度腦溢血病逝家中,得年67歲。

【延伸閱讀】
⟡ 洪德麟,《台灣漫畫40年初探(1949~1993)》,1994,時報文化。
⟡ 鄭世璠提供,《新新》覆刻版,出版年不明,傳文文化事業。
⟡ 國立歷史博物館編,《台灣漫畫史特展》,2000,國立歷史博物館。

蠻牛來一罐，愈重愈有力！

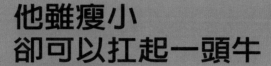

他雖瘦小
卻可以扛起一頭牛

他曾以「挑夫」角色
獲得金馬獎

出道前他就在圓環
當挑夫

他感嘆藝人
生涯像挑夫

4^A 他感嘆藝人
生涯像挑夫

有「台灣卓別林」之稱的喜劇演員矮仔財，出生於台北圓環一帶，由於體型瘦小，
所以常和體態豐腴的女星搭檔，演出輕鬆逗趣的喜劇。

1962年，矮仔財以國語影片《宜室宜家》獲得第1屆金馬獎最佳男配角，

在這之前，他已經拍過上百部台語電影，可說是當時台語片的當紅諧星。

然而，舞台下的矮仔財總是不苟言笑的，而且，他十分反對自己的子女進入演藝圈。

他說：「演藝人員最不值錢，像挑夫一樣，在年輕時拼命賺錢，年紀一大食無半項。」

他的感嘆，多少反映了鎂光燈下藝人背後真正的心聲。

人物小傳

人生如戲的笑匠——
矮仔財

1916~1992

「矮仔財，天頂跌落來……」兒時，你聽過這首唸歌嗎？

矮仔財肖像。

矮仔財的本名叫鍾福財，1916年12月出生在台北圓環，後來過繼給外祖父，改名張福財。1925年進入日新公學校就讀，台灣歌謠界著名人物鄧雨賢正是他的老師，而且對他十分鍾愛。在校期間，他的成績優異，並有了人生中的第一次演出——在學校遊藝會中扮演「吳鳳」。

1933年，公學校畢業的他，在學校老師的幫助下到日本哥倫比亞唱片公司灌唱片，灌錄〈十五月當圓〉等台語歌曲，但並未走紅，於是1年後回到台灣。

之後，他到太平町（今延平北路）的高砂鐵工廠上班，後來進入圓環的料理組合（公會）工作，負責管理圓環市場、夜市攤販。同時，他參與具有反日色彩的鍾鳴俱樂部，學習寫劇本、舞台搭景以及研究舞台劇，並在第一劇場演出話劇；這個階段是他接觸戲劇的重要啟蒙時期。

矮仔財與大胖玲玲曾是最佳拍檔，兩人懸殊的身材形成有趣的對比。

1939年他轉到大稻埕的第三世界館（戰後改為大光明戲院）擔任總務及宣傳，還兼任辯士（旁白解說電影劇情的人）。幾年之內他所解說過的電影約有上百部，不但讓他眼界大開，更練就了好口才和表演技巧。1940年他加入「鍾聲新劇團」，參與戲劇創作，1946年成為「聖烽演劇研究會」的成員。之後他陸續參與過不少戲劇演出，其中以1948年銀華劇團的喜劇《現代陳三五娘》最為轟動。

1956年台語電影興起，他初次參加電影《林投姐》的演出，便以能歌善演的傑出表現而迅速竄紅，第2部電影《雨夜花》更讓他成為最受歡迎的喜劇演員，不過最出名的是《王哥柳哥遊台灣》系列；他和李冠章分別以瘦柳哥、胖王哥，成為家喻戶曉的諧星。

在台語片的全盛時期（1956～1969），矮仔財通常10天就拍完一部電影，甚至還有100

矮仔財與一干演藝界好友在友人婚禮中同樂，從右至左分別是歐雲龍、矮仔財、辱斗、吳非宋等。

天拍完19部戲的傳奇紀錄。1962年，他以國台語混合發音的電影《宜室宜家》獲得第1屆金馬獎最佳男配角。1970年之後，他開始轉往電視發展，直到他退休為止共演出了20餘部的電視劇。

50餘年的演藝生涯，從劇場舞台走向電影銀幕、再走入電視劇集，反串是他的拿手絕活，受氣包丈夫則是他最常演的逗笑角色。可惜，隨著時代轉換，他也逐漸失去了舞台；在政府大力推動國語之下，一般人使用台語的機會越來越少，台語電影與電視劇也風光不再。1991年，新聞局頒給了他一座「特殊貢獻獎」，是遲來的肯定，卻再給不了他揮灑的天空，徒留時不我予的感慨。

1992年夏，「從天頂跌落來」的矮仔財飛上天了，77歲，帶走他的是肺結核。

台灣

發行人：王阿舍　發行所：遠流舊聞社

舊聞提要

1.台灣電視公司於4月28日成立。
2.第一批從中國大陸投奔自由到香港的難民，於

▲ 矮仔財（左）以《王哥柳哥》系列紅遍台灣。

▲ 矮仔財（左）在《宜室宜家》一片中的演出。

歷史報

1962年9月18日 穿越時空 獨漏舊聞

6月25日來台。
3. 澳門政府於7月24日宣佈台灣為霍亂區。
4. 第1屆國語影片金馬獎於9月17日舉行。

讀報天氣：晴空萬里
被遺忘指數：●●●●

▲ 位於台北市延平北路的「第一劇場」，是一家輪流演出戲劇與放映電影的混合型戲院。

當紅諧星矮仔財：
「辯士生涯造就今日的我」

【本報訊】行政院新聞局為了獎勵優良國片的製作，特別於今年舉辦第1屆國語影片金馬獎，頒獎典禮於昨天盛大舉行，以《王哥柳哥》系列紅遍台灣的諧星矮仔財，以《宜室宜家》一片勇奪最佳男配角獎。

矮仔財在《雨夜花》一片中飾演丑角，奠定了他在影壇的發展方向，之後他與李冠章在《王哥柳哥遊台灣》中搭檔演出，受到了廣大觀眾的歡迎，也開啓了他個人事業的另一高峰

談到走紅，矮仔財說他的戲劇技巧並不是靠著任何過人的天賦，而是之前在戲院兼任辯士的經驗，讓他磨練出順暢無礙的口才與即興揮灑的表演能力。

辯士原本是默片的劇情解說員，以口語向觀眾傳達電影的意涵，用聲音賦予電影更

▲ 在默片時期，舞台上會有辯士講解電影內容，一旁的樂隊配合電影中的情節演奏。

生動的意象。一個好的辯士不但照劇本說明劇情，還能憑著個人的臨場反應，在適當的時機，以動人的詞句與音調引領觀眾融入劇情中，主導觀眾的喜怒哀樂。

大約在1910年代，隨著默片電影的引

入，辯士也開始在台灣出現。最早只有服務日本觀眾的日語辯士，後來片商為了打入廣大的台語觀眾市場，於是在1921年培養出第一代的台語辯士，包括最早的戲院辯士王雲峰及之後的李光耀、葉水閣、周水盆等人。到了1930年代，觀賞電影的人口大增，辯士這個行業也進入黃金時期。這時期的電影放映，分別為戲院與巡映隊兩支體系。由於早期的戲院不多，因此巡映隊是主要的放映者。通常由放映師兼任辯士，一邊用手搖放映機一邊講解劇情。戲院的辯士則由戲院工作人員兼任，放映時坐在螢幕舞台邊，手邊有劇本可供翻閱。

電影是群眾聚集的場所，辯士的口才又可左右觀眾的情緒；為了預防辯士煽動群眾而引發反日情緒，在1920年代中期，殖民政府制訂出一套劇本審查與辯士檢定的制度，執業辯士必須通過考試而且每年都要審核資格。另外，他們還在台灣人觀賞的放映點配置警察與消防員各1名，如果辯士不照劇本宣讀，出現任何「不當」言論，警察會立刻要求中止放映。

不僅殖民政府發現辯士對群眾的煽動性，當時正在推動台灣人自覺運動的台灣文化協會也注意到了；1925年，「文協」組成電影巡映隊，到各地放映電影，稱為「美台團」。放映時，由1人放映，2人擔任辯士，在劇情的解說中穿插政治與民族啟蒙思想。可以想見的，警察對美台團的巡迴演出必然嚴陣以待，但這種臨場干預的緊張氣氛卻也更強化了群眾的興奮情緒，反而獲得極大的迴響。這些不以辯士為職業的辯士，形成1930年代台灣社會的特殊現象。

隨著日治末期有聲電影進入台灣，日語辯士逐漸絕跡，但在台灣人的電影市場上，辯士仍是電影的重要詮釋角色。由於外語片對台灣人仍有著言語與文字的隔閡，因此辯士繼續在戰後初期的有聲洋片中扮演重要的角色，以親切的本土語言傳譯電影的悲喜情節。或許，在這些辯士當中，會再度出現第二個吸引眾人目光的矮仔財也未必呢。

▲ 舊址位於今高雄市五福四路的高雄劇場，是早年高雄地區唯一的戲院。

▲ 台灣文化協會1929年在彰化座（戲院）召開全島代表大會，圖為當時的宣傳單。

▲ 1925年文化協會在彰化花壇舉辦活動的宣傳單。

矮仔財（張福財）年表
1916~1992

1916
●出生於台北圓環地區。

1933
●到日本哥倫比亞公司灌唱片。

1935
●參與鐘鳴俱樂部。

1939
●到大稻埕第三世界館（大光明戲院前身）擔任總務及宣傳，並兼任辯士。

1940
●加入鐘聲新劇團，參與戲劇創作、排練及巡迴全台各戲院搭景表演。

1956
●台語電影興起，在他首部電影《林投姐》中演出精湛，一炮而紅。

1959
●在《王哥柳哥遊台灣》電影中與李冠章搭檔演出，開啟「王哥柳哥」數十部電影系列。

1962
●以國台語混合發音的《宜室宜家》榮獲第1屆金馬獎最佳男配角獎。

1980
●擔任第18屆金馬獎頒獎人。

1989
●從中國電視公司退休。

1991
●電影資料館舉辦「露天台語片影展」，同時獲新聞局特頒「喜劇泰斗、藝冠群倫」特殊貢獻獎牌。

1992
●因肺功能衰竭病逝。

【延伸閱讀】
⇨ 葉龍彥，〈台灣的喜劇泰斗——矮仔財〉，《台北縣立文化中心季刊》45期，1995，台北縣立文化中心。
⇨ 葉龍彥，《光復初期台灣電影史》，1995，電影資料館。
⇨ 電影資料館口述電影史小組，《台語片時代》，1994，電影資料館。

家裡坐不住，四處壓馬路。

1　幫馬路整容

2　在路邊奉茶

3　取締辣妹檳榔攤

4　指揮交通，防止車禍

1^A 幫馬路整容

雖

雖然他們也濟助貧戶，但嘉邑行善團最為人知的，就是造橋鋪路了。

這個行善團並沒有固定的團員、組織或資金來源，

參與造橋的人來自各行各業，男女老少都有。

造橋時，團員們自動自發地運送材料、挑砂石、灌漿，

而所建造的橋用料實在、絕無偷工減料，因此堅固耐用。

何明德雖是這批善心人士的領導者，但他認為造橋鋪路只是「給人平安」，

從不覺得自己有什麼功勞可言。

造橋鋪路的公益人——
何明德
1921~1998

阿里山鄒族人為感謝嘉邑行善團，特別贈送「善行為懷」匾額，由團長何明德（圖中打領帶者）代表接受。

　　每逢星期日，嘉邑行善團的團員於嘉義民族國小前集合，在團長何明德的帶領下，浩浩蕩蕩

何明德（穿卡其色夾克）與嘉邑行善團完成的第228座橋，該橋位於嘉義縣中埔鄉東興村凍仔腳。

前往各地，鋪造出一座又一座的橋梁。

　　嘉邑行善團源起於1965年，由趙煌、林炳山等人發起，最初以施米救窮、修補路面為主。1968年以後，何明德等十餘戶人家，開始了整修吊橋、興建便橋的工作。1971年興建了第一座水泥橋梁，命名為惠生橋。

　　那時因為發生了一件孩童涉溪卻被沖走的悲劇，眾人於是發願全心投入造橋志業，由何明德負責工程規畫與橋梁設計，造橋經費則透過小額募捐來累積。行善團興建橋梁的地方多以交通不便的偏遠地區

為主。後來經由媒體報導之後，投入行善團的志工及捐助者日益增多，政府也屢次表揚行善團的義舉。

　　行善團轉型至以造橋為主的過程中，何明德扮演了重要的角色。何明德，生於1921年，曾就讀於嘉義公學校、台北瑞芳土木測量學校。畢業後進入嘉南水利會土木課工作，並曾任教於台南農業學校土木科。二次大戰時被徵召為搭橋開山的工兵。1968年，何明德加入嘉邑行善團，他具備土木工程的背景，因而成為行善團的靈魂人物。無論地形與河流的探勘、橋梁的設計與規畫，皆出自其手，其妻李秋良則負責向捐款人士報告帳目及施工進度。

　　1995年，何明德獲頒素有「東方諾貝爾獎」之稱的

行善團在橋梁完工後，會舉行盛大的通車典禮。圖為位於南投縣竹山鎮的行正橋。

由嘉邑行善團興建的義仁大橋，位於嘉義縣竹崎鄉。

麥格賽賽獎，獲獎項目為「社區領導」獎。麥格賽賽獎是以亞洲國家為範圍，頒贈給對社會有卓越貢獻、具偉大胸懷與崇高理想的個人或團體。在何明德之前，慈濟功德會的證嚴法師也曾獲得相同獎項。何明德獲獎後表示，這是8萬多人合力行善的成果，他個人不敢居功，因此將大部分獎金捐給嘉義市警察局添購設備。

1997年12月，嘉邑行善團向政府申請登記為社團法人，然而何明德於隔年2月逝世，未能參加「嘉義市嘉邑行善團」的成立大會。何明德過世後，其妻李秋良另組「何明德行善團」，行善團自此一分為二，不僅力量分散，造橋成果也不如以往。

雖然歷經組織的變動，但是在資深團員的帶領下，「嘉義市嘉邑行善團」的運作逐漸步入軌道。這一群默默行善的義工，延續著何明德時期的傳統，朝著第300座橋梁的目標持續努力著。

台灣

發行人：王阿舍　發行所：遠流舊聞社

舊聞提要

1.台灣府城（台南）於1877年完成到旗後的電報線。
2.花蓮新城原住民於1878年6月19日圍攻清軍兵營。

▲ 永濟義渡成立一個常態性的組織，以組織名義陸續買進田產，再以每年收成作為發給船夫的工資與修理船隻的經費。在買賣的契約上會蓋上「永濟義渡公記」的戳記。

3. 林維源1879年捐款50萬銀元，用作興築台灣鐵路費用，獲賞三品頭銜及一品封典。
4. 永濟義渡於6月舉行立碑典禮。

讀報天氣：晴有雲
被遺忘指數：●●●

永濟義渡今日立碑
嘉惠濁水溪兩岸往來行旅

【本報訊】位於彰化縣沙連堡（南投縣）濁水溪上的永濟義渡，經過多年籌設，終於在今日立碑，此舉正式宣告濁水溪渡新時代的來臨。

　　義渡，顧名思義就是不收任何渡資，免費搭載旅人的渡船。永濟義渡的行駛時間，約從早上5點至下午5點，只要在營運時間內，就算只有1名乘客，也會渡其過河。永濟義渡備有渡船1艘，船兩側設有座位，並備有竹筏，稱為義筏。當河水流量少時，則鋪橋讓行人渡溪。

　　永濟義渡的前身是濁水溪渡，最晚在乾隆年間就已出現，是由民間合股的營利事業，也是濁水溪上最早的渡船業之一。渡船頭分設於濁水（南投縣名間鄉濁水庄）與社寮（南投縣竹山鎮社寮里）兩岸。由於濁水

▲ 永濟義渡位置示意圖。

溪位於南北交通要道上，不但往來交通頻繁，同時也具備轉運功能。

渡船業興盛的原因，和台灣的地理環境有極大的關係。台灣河川在不同季節時的流量落差很大，冬季是枯水期，行人尚可涉水而過，夏秋兩季則多暴雨，造成溪水暴漲，必須要靠船筏才能渡河。各地雖然陸續傳出造橋的計畫，但不一定有足夠經費完成。而且造橋工程不但架設難度高，又常因為河道變遷不定，溪水暴漲時沖壞橋梁。因此，成本少且較為機動的渡船業便因應而生。

台灣的渡船業，分為官渡及民渡兩種。就營利性質而言，又可分為義渡與非義渡。所謂義渡意指免費渡人，但有時也會酌收少許渡資以貼補經營所需。義渡的成立，源自於渡夫素質的良莠不齊，常有勒索威脅過往旅客的事情發生，甚至於鬧出人命，因此官府或地方就設置義渡，將船夫納入管理，以改善行旅的危險與不便。此外，義渡

▲ 竹筏是台灣河川交通的主要工具。

也確保了交通的順暢，帶動了經濟發展。

永濟義渡的成立，不但嘉惠地方百姓，預計對地方交通、經濟及社會各層面也將帶來重大影響。例如來自鹿港街的商品，可以順利運銷進來，地方特產也可以外銷。如此一來，以北投堡、南投堡及沙連堡為中心的

市場圈，將更繁榮。更重要的是，濁水溪兩岸的民眾，往來更為便利，無論是工作、遷徙、旅行或各種活動的進行都將更加活絡，無形中擴大了兩岸民眾的生活空間。

▲ 永濟義渡石碑分別設立於濁水溪兩岸，其中一座設在南投名間濁水村的福興宮。

▲ 位於濁水溪南畔的紫南宮，是社寮通往濁水庄的渡船頭所在地。

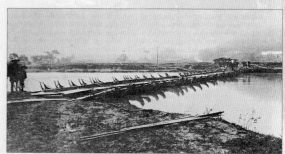
▲ 興建一座橋梁需要成熟的工程技術與足夠的經費與人力，許多地方還是以簡陋的便橋來解決過河的問題。

▲ 台灣的河川流量落差相當大，逢乾季時行人可以直接涉水而過。

何明德年表
1921~1998

1921
●出生。

1968
●加入「行善堂」（行善團前身）。

1971
●6月，行善堂完成第1座水泥橋——惠生橋，位於
嘉義縣中埔鄉石弄村。
●11月，完成第2座橋——仁惠橋，由何明德負責
橋梁設計。

1980
●更名為「行善團」，因設立於嘉義，又稱「嘉
義行善團」。

1985
●經濟公禪師指示，更名為「嘉邑行善團」。

1989
●行善團成員增加至3萬多人。

1995
●獲頒菲律賓麥格賽賽獎的「社區領導」獎項。

1997
●向嘉義市政府申請為社團法人。

1998
●2月1日逝世。
●何明德妻子李秋良另組「何明德行善團」，嘉邑
行善團一分為二。

【延伸閱讀】
↪ 蕭富隆主編，《南投縣永濟義渡古文契書選》，1996，南投
　縣立文化中心。

【索引】(數字為頁碼)

【鳴謝】

本書的完成，特別感謝：（以姓名筆畫序）

卜華志	吳三連台灣史料基金會	洪德麟	黃明輝	蕭菊貞
土城承天禪寺	李秀娥	范姜芳莉	慈濟文化志業中心文史部	賴和文教基金會
中央研究院台灣史研究所籌備處	李奕興	財團法人台北縣私立樂山療養院	楊雅棠	薛惠玲
王乃謙	宜蘭縣史館	財團法人彰化基督教醫院	溫秋芬	謝大立
台北市立圖書館中崙分館	林本源祭祀公業	國家電影資料館	葉美智	謝宗榮
台灣神學院教會歷史資料中心	林會承	巢維英	董獻廷	謝南強
台灣基督長老教會總會	花蓮基督教門諾會醫院	張耀娥	嘉義市嘉邑行善團	謝楊瓊英
石婉舜	施合鄭民俗文化基金會	莫介芬	蔡雅惠	謝國城棒球文教基金會
光華雜誌	施照子	陳銘城	諸紀平	簡吉陳何文教基金會
佛光山	洪建全教育文化基金會	陳慶芳	鄭仰恩	簡義雄
余玲雅	洪達雄	雄獅美術	鄭靜欣	釋覺念

【地圖、照片出處】

數目為頁碼

目錄（4-5）：
地圖：莊永明提供。

大我行誼與社會主流價值（9-11）：
9/陳彥仲攝影。
10（左上）/陳輝明攝影。
10（右下）/財團法人彰化基督教醫院提供。

從「小我」到「大我」、「無我」的典範人物（12-15）：
13/施照子提供。
14/陳彥仲攝影。
15/洪德麟提供。

王得祿（16-23）：
19/王乃謙提供。
21（上）、22（左上）/遠流資料室。
21（下）、22（右上）/引自《淡水廳志》。
22（右下）/引自《台灣採訪冊》。
22（左下）/黃智偉攝影。

鄭用錫（24-31）：
27/遠流資料室。
28、29/引自《淡水廳志》。
30（左上）、（右上）/葉益青攝影。

30（中上）/蔡雅惠攝影。
30（左下）、（右下）/中央研究院台灣史研究所籌備處提供。

蔡廷蘭（32-39）：
36（左上）/李奕興攝影。
36（右）/遠流資料室。
37、38（右下）/宜蘭縣史館提供。
38（左下）/陳慶芳提供。
38（上）/郭娟秋攝影、遠流台灣館提供。

阿善師（40-47）：
43、44（左上）/葉益青攝影。
44（右上）、（右下）、45、46（上）/陳彥仲攝影。
46（左下）、（右下）、47/謝宗榮攝影。

洪騰雲（48-55）：
51/洪達雄提供。
52（左上）、53（中）、（下）、54（左下）/遠流資料室。
52（右）/林本源祭祀公業提供。
53（上）/莊永明提供。
54（右上）、（右下）/陳輝明攝影。

黃玉階（56-63）：
59（左）/遠流資料室。
59（右）/莊永明提供。
61/陳輝明攝影。
62、63/郭娟秋攝影、遠流台灣館提供。

施乾（64-71）：
67、68（左上）/莊永明提供。
68（右）、69、70/財團法人台北縣私立樂山療養院提供。

簡吉（72-79）：
75、76/簡吉陳何文教基金會提供。
78（左上）、（右上）/引自《陳中和翁傳》。
77、78（下）/遠流資料室。

王井泉（80-87）：
83、84、85（上）、86（上）/莊永明提供。
85（中）、（下）/石婉舜提供。
86（左下）、（右下）/雄獅美術提供。

謝緯（88-95）：
91、93/謝楊瓊英提供。
92（右）/花蓮基督教門諾會醫院提供。
94/慈濟文化志業中心文史部提供。

謝國城（96-103）：
99、100（左上）/謝南強提供。
100（右上）102（上）/鄭元慶攝影、光華雜誌提供。
100（右下）、101、102（中）、102（下）/蕭菊貞提供。

釋廣欽（104-111）：
107、108（左上）/土城承天禪寺提供。
108（右）、109（右下）、110（中上）/佛光山寺提供。
109（右上）/遠流資料室。
110（左上）/中央研究院台灣史研究所籌備處提供。
110（左下）、110（右下）/慈濟文化志業中心文史部提供。
110（右上）/陳輝明攝影。

吳三連（112-119）：
114、115、117、118（左下）、118（右下）、（左下）/財
　　團法人吳三連史料基金會提供。
116、118（左上）、118（右上）/遠流資料室。

洪建全（120-127）：
123、124、125/洪建全教育文化基金會提供。
126（左）/遠流資料室。
126（右上）、126（右中）/林會承攝影。
126（右下）/陳輝明攝影。

黃彰輝（128-135）：
131（左）、132（左上）/黃明輝提供。
131（右）、132（右上）、133、134（左上）、（下）/
　　台灣基督長老教會總會提供。
132（右下）/彰化基督教醫院提供。
132（右上）/陳彥仲攝影。
134（右上）/徐志初攝影。

余登發（136-143）：
139、140、141、142/余玲雅提供。

施合鄭（144-151）：
147、148（左）/施合鄭民俗文化基金會。
148（右上）/楊雅棠攝影。
148（右下）、149、150/陳彥仲攝影。

葉宏甲（152-159）：
155（右）、156（左上）/遠流資料室。
155（左）、157（上）、158/洪德麟提供。
156（右）、157（下）/台北市立圖書館中崙分館提供。

矮仔財（160-167）：
163、164、165（下）/國家電影資料館提供
165（上）/簡義雄提供。
166（上）/莊永明提供。
166（下）/賴和文教基金會提供。

何明德（168-175）：
171、172（左）/嘉義市嘉邑行善團提供。
172（右）/童獻廷提供。
174（右上）/巢維英攝影。
174（左）/簡義雄提供。
174（右中）、174（右下）/遠流資料室。

國內**最完整**的一套
台灣歷史與人物圖誌
e世代多元解讀台灣的
最佳讀本
【台灣放輕鬆】

◎台灣文史專家莊永明策劃、專文導讀引薦

◎曹永和、許雪姬、張勝彥、吳密察、翁佳音、林瑞明、謝國興等教授群監修

◎中國時報、聯合報、自由時報、民生報、台灣日報、誠品好讀等媒體好評報導

1

V1001《正港台灣人》

李懷、張嘉驊著

定價：250元 ‧ 特價：200元

特16開‧全彩‧遠流出版

本書介紹20位對台灣具有貢獻的外國人，包括馬雅各、甘為霖、馬偕、巴克禮、森丑之助、八田與一、堀內次雄、立石鐵臣、磯永吉……等。雖然他們血緣都不是台灣人，但心繫台灣、研究並建設台灣，他們是比台灣人還要台灣人的「正港台灣人」。

V1002 《台灣心女人》

林滿秋等 著

定價：280 元

特16開・全彩・遠流出版

女性的書寫，在歷史上常是缺席的，本書以輕鬆方式介紹20位台灣女性，包括黃阿祿嫂、趙麗蓮、謝綺蘭、蔡阿信、謝雪紅、葉陶、陳進、許世賢、施照子、蔡瑞月、包春琴、陳秀喜、江賜美、證嚴法師、鄭麗君等，從她們在各行各業的奮鬥史，台灣近代史也得以趨向更完整！

V1003 《在野台灣人》

賴佳慧 著

定價：280元

特16開・全彩・遠流出版

台灣人從1920年代起邁入「自覺的年代」，非武裝革命前仆後繼，以爭取權權、以抗議政府施政不當、以啟蒙社會。這股風潮一直持續到戰後以迄現今，本書所介紹的，便是其中20位和平改革的先鋒，包括為台灣人爭取參政權的林獻堂、蔣渭水，為228殉難的王添燈，為民主自由不畏強權的雷震、魏廷朝……等。他們所彰顯的正是台灣「在野」的民眾，反專制、反強權的奮鬥史。

V1004 《鬥陣台灣人》

林孟欣、鄭天凱 著

定價：280 元

特16開・全彩・遠流出版

他們是造反的土匪？還是反抗異族的英雄？《鬥陣台灣人》從另類有趣的角度切入台灣歷史，讓您從20位民變領袖以及甩掉繡花鞋加入戰鬥的台灣阿嬤身上，看見400年來台灣生命力的源頭；讓您在「成者為王敗為寇」和「民族英雄神話」之間，建立新台灣史觀；也讓您對當今族群問題和黑金政治，有了新的詮釋………

V1005 《台灣原住民》

詹素娟等 著

定價：280 元

特16開・全彩・遠流出版

你知不知道20元硬幣上的肖像，不是阿扁也不是阿輝，而是泰雅族的英雄莫那魯道？你曉得平埔族的女巫李仁紀？埔里的番秀才望麒麟？曾經叱吒西台灣的大肚王……？不認識？沒關係，推薦你《台灣原住民》。這是第一本最完整介紹台灣原住民的圖文書，包括平埔族和高山族群的歷史和人物。透過生動的文字和珍貴的圖片，帶你從不同的角度認識台灣。書中各篇章多是由原住民作家或相關領域專家所完成，而且許多內容都是市面上書籍所未有的，十分珍貴。

V1006 《文學台灣人》

李懷、桂華 著

定價：320 元

特16開・全彩・遠流出版

文學，是通往夢想世界的鑰匙。《文學台灣人》則是走進台灣文學史的關鍵，藉由訴說20位文學家的故事，來一趟台灣文學的旅程。從明末飄洋過海來的沈光文開始，到本地產的鄉土文學作家王禎和為止。他們的生命是一部部文學史，他們創作屬於台灣的聲音，書寫下台灣生命力，創造了獨特的台灣文學……。

V1007 《產業台灣人》

林滿秋 著

定價：320元

特16開・全彩・遠流出版

產業的定義是什麼？從早期以農林相關生產為主的產業，到後來的製糖、釀酒等加工生產，以至於現代的紡織、鋼鐵等工業和貿易，台灣產業不斷變革中。要了解台灣產業史，先來了解影響產業的人。本書介紹了20位具有靈活經營手法與商業頭腦的產業經營者，包括清代的開墾領袖吳沙、姜秀鑾、黃南球等，還有在現代台灣產業界仍占主要地位的辜顯榮、蔡萬春、吳火獅等企業家族集團創辦人。《產業台灣人》以流暢的文字與精采的圖片，帶你輕鬆認識這些台灣產業界的先驅。

【台灣放輕鬆】
系列規畫說明
編輯部

　　【台灣放輕鬆(Taiwan, Take It Easy)】系列共12冊，介紹台灣400年來的240位人物，分成12類主題。每冊介紹該主題內具代表性質的20位人物，每位人物皆透過「趣味Q&A」、「人物小傳」、「歷史報」、「人物小年表」、「延伸閱讀」等小單元，建構出人物與歷史的多元面貌，設計新穎，兼具知識性及趣味性，適合e世代人快速認識台灣。此外，每冊並有主題導讀，讓讀者在認識台灣時Easy & Fun，卻不膚淺。

　　以下是各單冊介紹：

1 正港台灣人　　　　文／李懷、張嘉驊
介紹20位對台灣貢獻卓著的外國人，包括馬偕、森丑之助、八田與一、堀內次雄、立石鐵臣、磯永吉……等。

2 台灣心女人　　　　文／林滿秋等
介紹20位傑出的台灣女性，包括黃阿祿嫂、陳秀喜、葉陶、謝雪紅、許世賢、包春琴、江賜美、鄧麗君……等。

3 在野台灣人　　　　文／賴佳慧
介紹20位在體制內推動改革者，包括蔣渭水、林獻堂、雷震、魏廷朝、葉清耀、林幼春、黃旺成、林秋梧……等。

4 鬥陣台灣人　　　　文／鄭天凱、林孟欣
介紹20位以武裝形式從事變革者，包括郭懷一、朱一貴、林爽文、施九緞、林少貓、蔡牽、黃教……等。

5 台灣原住民　　　　文／詹素娟等
介紹20位台灣的原住民，包括平埔族與高山族人，如望麒麟、樂信瓦旦、潘文杰、拉荷阿雷、莫那魯道……等。

6 文學台灣人　　　　文／李懷、桂華
介紹20位對台灣社會有影響力的文學家，包括賴和、楊逵、王詩琅、鐘理和、吳濁流、呂赫若、楊喚、吳瀛濤……等。

7 產業台灣人　　　　文／林滿秋
介紹20位工商與拓墾的代表人物，包括吳沙、李春生、張達京、陳炘、陳中和、施世榜、姜秀鑾……等。

8 非凡台灣人　　　　文／陳怡方等
介紹20位對台灣社會有影響力的仕紳名人，包括施乾、洪騰雲、廣欽老和尚、施合鄭、阿善師……等。

9 美術台灣人　　　　文／王淑津等
介紹20位台灣藝術家，包括陳澄波、林玉山、鄧南光、林朝英、楊英風、席德進、林葆家、李梅樹、黃土水……等。

10 游藝台灣人　　　　文／李奕興、石婉舜
介紹20位台灣藝術家，包括葉王、鄧雨賢、李天祿、林淵、洪通……等。

11 學術台灣人　　　　文／晏山農、范燕秋
介紹20位各領域的學術人物，包括連雅堂、胡適、杜聰明、張光直、吳大猷、蔣碩傑、印順法師、姚一葦……等。

12 執政台灣人　　　　文／林孟欣
介紹20位台灣政治人物，包括劉銘傳、陳永華、後藤新平、蔣經國、陳誠、蔣夢麟……等。

國家圖書館出版品預行編目資料

非凡台灣人 / 陳怡方等撰文；曲曲漫畫；張眞
歷史繪圖．-- 初版．-- 台北市：遠流，
2002[民91]
　　面；　公分．--（台灣放輕鬆；8）
含索引
ISBN 957-32-4584-1(平裝)

　1.台灣 - 傳記　2.台灣 - 歷史

782.632　　　　　　　　　　　　91002754

台灣放輕鬆

台灣放輕鬆

台灣放輕鬆

台灣放輕鬆